めちゃ旨ボンジョルノ！
イタリアの人気食堂レシピ

ぼなぺTV、TOSHI

Buono!

KADOKAWA

Introduzione
はじめに

Italia
Firenze
イタリア／フィレンツェ

Toscana
トスカーナ州

Roma
ローマ

Firenze
フィレンツェ

Italia
イタリア

「花の都」フィレンツェは、ルネサンス時代の面影を残す。石畳の路地に赤レンガの屋根が美しい、全体が美術館のような街

めちゃ旨・ボンジョルノ!!

　イタリア・フィレンツェから、おいしいもの＆面白い人の動画を配信しているYouTubeチャンネル、「ぼなぺTV」と、「トラットリア・アッカディ」のオーナーシェフ、TOSHIです。

　アッカディ（Accadi）は、2000年12月に、イタリアで希少な日本人オーナーシェフのイタリア料理店としてオープンして以来、25年もの間、地元イタリア人に愛され続けている人気食堂です。

　この本は、要望をいただくことの多かったアッカディTOSHIのレシピを、日本のご家庭で再現しやすくまとめた、初のレシピ本です。

　イタリア在住10年、イタリア各地のおいしい店を食べ歩いている「ぼなぺTV」の視点から、イタリア人の胃袋をつかんだアッカディの魅力に迫り、これまであまり語られてこなかったTOSHIの歴史や、チャンネルの裏側も紹介します。

　この本は一見、コテコテのイタリア料理本です。フィレンツェの街の一角にあるコテコテの地元食堂のレシピ。材料も水も空気も、日本とイタリアではすべて同じとはいかないかもしれません。でも本当にお伝えしたいのは、おいしさはもちろんですが、このイタリアの楽しさや雰囲気なのです。

　皆さんが新たなイタリア料理の魅力やイタリアの楽しさを発見するきっかけになれば、これほど嬉しいことはありません。あなた一人でも、家族と、大切な人と。ぼなペティート！

ぼなぺTV×TOSHI

Duomo
ドゥオモ

街の中心地にあるドゥオモ。13世紀末に建てられた大聖堂で、クーポラ（円蓋）は世界最大の石造ドーム

街の中心を流れるアルノ川には、古代ローマから架かるポンテ・ヴェッキオ橋があり、観光名所として有名

Fiume Arno
アルノ川

TRATTORIA
ACCADI
トラットリア・アッカディ

アッカディは地元の人気食堂。古き良きトラットリアの人情溢れる

アッカディは、ドゥオモから徒歩10分のボルゴ・ピンティ通りに位置する。左にある入口から右の窓までが店舗。昔ながらの内装の店内は居心地がよい

ぼなぺTV
イタリアの「おいしいもの・こと・面白い人」を紹介する人気YouTuber。アッカディに向かい動画を撮影中の様子

TOSHI
トラットリア・アッカディ、オーナーシェフ。24歳でイタリアに渡り、33歳の時、アッカディをオープンした

3

Sommario

目次

2	めちゃ旨・ボンジョルノ!!
6	イタリア人の 胃袋をつかんで離さない アッカディTOSHIのイタリアン
10	アッカディTOSHIが語る おいしさの哲学
15	この本でよく使う調味料・食材
30	アッカディの人気メニュー BEST3
76	TOSHIさんにインタビュー
78	ぼなぺTVさんにインタビュー
80	アッカディをめぐる人びと

前菜 Antipasto

18	鶏レバーのオープンサンド *Crostini di fegato*
20	なすとチーズの重ね焼き *Melanzane alla parmigiana*
22	ブルスケッタ *Bruschetta*
24	パンのサラダ *Panzanella*
26	豚肉のオイル漬け *Tonno del Chianti*
28	いちじくとサラミの盛り合わせ *I fichi e saláme*
28	カプレーゼ *Caprese*

Staff

デザイン／細山田光宣・藤井保奈（細山田デザイン事務所）
撮影／太田江美
撮影協力／髙木理弘
校正／麦秋アートセンター
企画・編集・取材・文／鈴木聡子

第1の皿 主食 Primo piatto

パスタ Pasta

32	カレッティエーラ *Spaghetti alla carrettiera*
36	カルボナーラ *Carbonara*
38	アマトリチャーナ *Amatriciana*
40	ジェノベーゼ *Pesto alla genovese*
42	カーチョ・エ・ペペ *Cacio e pepe*
44	ペペロンチーノ *Spaghetti aglio, olio e peperoncino*
46	プッタネスカ *Puttanesca*
48	ミートソースのスパゲッティ *Ragù alla bolognese*
50	ランプレドットの タリアテッレ *Tagliatelle al Lampredotto*
52	イカすみのスパゲッティ *Spaghetti al nero di seppia*
54	タコのスパゲッティ *Spaghetti al polpo*
56	ムール貝のリングイーネ *Linguine alle cozze*
58	フレッシュトマトの スパゲッティ *Spaghetti al pomodoro*
60	キノコのスパゲッティ *Spaghetti ai funghi*

62 なすのスパゲッティ
Spaghetti alle melanzane

64 ブロッコリーのスパゲッティ
Spaghetti ai broccoli

66 野菜のクリームスパゲッティ
Spaghetti alle verdure con panna

68 明太風スパゲッティ
Spaghetti di peperoni rossi

70 スカローラのペンネ
Penne alla scarola

72 ミートソースのニョッキ
Gnocchi al ragù

73 リコッタとほうれん草の
ニューディ
Gnudi

リゾット　Risotto

82 いちごのリゾット
Risotto alle fragole

84 ズッキーニのリゾット
Risotto alle zucchine

86 キノコのリゾット
Risotto ai funghi misti

87 パルミジャーノのリゾット
Risotto alla parmigiana

スープ　Zuppa

88 パッパ・アル・ポモドーロ
Pappa al pomodoro

90 長ねぎとじゃがいものスープ
Zuppa di porri e patata

91 にんじんのスープ
Zuppa di carota

92 白いんげん豆とたらのスープ
Zuppa di fagioli e baccalà

第2の皿 主菜　Secondo piatto

94 ビステッカ
Bistecca alla Fiorentina

96 牛の煮込み
Peposo

98 鶏肉の狩人風煮込み
Pollo alla Cacciatora

100 肉団子
Polpettine di carne con melanzane

102 ソースのいらないハンバーグ
Hamburger

デザート　Dolce

108 カントゥッチーニ
Cantuccini

109 ティラミス
Tiramisù

110 チーズケーキ
Cheese cake

111 チョコレートケーキ
Torta al cioccolato

基本のレシピ

104 トマトソース
Passata di pomodoro

105 ブロード
Brodo

106 パンチェッタ
Pancetta

厨房で次々と料理を作るTOSHI

ランチ客で賑わう店内。向かって右奥が、厨房前の席。常連客が集いTOSHIと言葉を交わす

TRATTORIA
ACCADI

ぼなぺTVが
レポート！

イタリア人の胃袋をつかんで離さない
アッカディTOSHIのイタリアン

アッカディとは？　TOSHIとは？
フィレンツェ在住10年のYouTuber、
「ぼなぺTV」が、その魅力を伝える。

 **古き良きトラットリアの
人情溢れる**

「OH〜！ マルコ！ ボンジョルノ〜！ コメスターイ？（マルコ、よく来たね！ 調子はどうだい？）」

　アッカディを訪れると、太陽のような満面の笑みを浮かべたTOSHIさんが厨房から顔をのぞかせ、張りのあるよく通る声で常連客を迎える。

　きびきびと働くサービス・スタッフのキッカから、オーダーを次々と受けながらも、アシスタントのカジンに発破をかけたり、冗談を言うTOSHIさんの笑い声が、厨房から聞こえてくる。

いつの間にか魔法のように次々と料理ができあがり、サービス・スタッフたちによって、客たちのもとへと運ばれていく。「ボナペティート！（召し上がれ！）」

　昼ともなると、店内は常連客でいっぱいだ。皆が、届けられた料理に顔を輝かせ、さんざめきながら、おいしそうに料理に向き合っている。

　常連客が帰る頃には、厨房から出てきたTOSHIさんが、客と握手したり、肩を抱き合ったりして見送る。「アリベデルチ〜！（さようなら〜！）」。

──それがいつものアッカディの光景だ。

　古き良き時代のイタリアの食堂では、店

❶ おいしい料理に笑みがこぼれる常連客のジュゼッペ
❷ アッカディの人気メニュー、カレッティエーラ。トスカーナ地方の料理

主と客との間にこんなコミュニケーションが交わされるのが普通で、それが時代とともに減ってきているのだという。そして「それがあるのがアッカディの魅力のひとつだよ」と週休1日のアッカディに週6日通っている70代のジュゼッペが、ウインクしながら教えてくれた。

 **いつも変わらぬ
おいしい料理**

イタリア人はおいしいものに関しては保守的だと思う。だから「奇をてらわず、シンプルで変わらない料理。それをいつ行っても、おいしく味わわせてくれる」という絶対の安心感が必要だ。

毎回、アッカディに行くと、これぞイタリア料理という定番の味があり、胃袋も心も満たされ、ほっとする。

しかも、ランチは12ユーロ、ディナーは30〜40ユーロでお腹いっぱいになれる、良心的な価格設定だからなお嬉しい。毎日のように訪れる地元の常連客が多いのもなずける（価格は2024年12月現在）。

この価格で、安定的においしいものを提供し続けるということは言うほど簡単ではない。25年も、客の期待を裏切らず、客足が絶えない繁盛店を続けてきたことは並大抵のことではないはず。

❸ランチ開始直後　❹常連客のマルコ　❺ディナーでワインと料理を楽しむレガ夫婦。
❻なじみ客のガイド、アンドレアと肩を組む　❼スタッフのキッカとアレッシオ（奥）
❽アッカディの正面入口

「TOSHIはおいしいものを生み出す職人だからね！」前述のジュゼッペはそんな表現でも語ってくれたっけ。

本場よりおいしい
TOSHIマジック

　僕は年に30回くらい旅をして、10年間イタリア国内の美味しいものを食べ歩いてきた。各地方にはそれぞれご当地のイタリア料理があり、基本的に本場は旨いと感じることが多いのだけど、TOSHIさんの料理は、そのどこにも負けていない。

　例えばイカすみスパゲッティはヴェネツィア発祥だが、TOSHIさんのそれは本場より旨い！　出来合いのペーストを使って、ただ真っ黒なだけのイカすみスパゲッティの店も多いと感じるなか、イカから丁寧にだしをとるTOSHIさんのそれは、イカの旨味がしっかり感じられる。

　ローマ発祥のカルボナーラや、アマトリチャーナも然り。ガツンと塩味が効いて（イタリア人ははっきりした味を好む）、本場に負けない濃厚な旨味がたまらない。

　鶏レバーのオープンサンドなど、フィレンツェ発祥の料理は言うに及ばず、どれもがおいしいと感じるのだ。

　これはもうTOSHIマジックとしかいいようがない。

Filosofia della bontà di **TOSHI**

アッカディ TOSHIが語る おいしさの哲学

アッカディのおいしさの秘密とは何か。
TOSHIさんに、
おいしいイタリア料理とは何か、
そのポイントを語ってもらった。

料理の味は素材が決める

　まず間違ってはいけないのは、料理の味は「作り手」が決めるものではなく、「素材」が決めるということ。だから、その素材のおいしさを、まずよく理解することが大切。素材ごとの旬を知り、状態をよく見ることです。
　例えば同じトマトでも、完熟のものを選び、常温で食すれば、甘味が濃く感じられる。
　旬のキノコを使えば、旨味を濃く感じることができるから、味付けはシンプルでいい。
　その素材によって、生で食べる、煮る、焼く、炒める、蒸す…おいしさを引き出す方法を知っておくことが重要。
　新鮮な野菜なら、生で塩をふるだけでもおいしいし、極力手を加えないでいい。だから、素材のおいしさを生かせば、調理は簡単。シンプル・イズ・ベストなんです。

Filosofia della bontà di TOSHI

塩加減、火加減がすべて

　煮る、焼く、炒める…。素材によって、塩加減と火加減によって、おいしさを引き出していく。例えば、基本のトマトソース。ちょうどよい塩味があるからこそ、トマトの甘味や酸味が引き立つし、多すぎても少なすぎてもいけない。
　香味野菜は弱火でじっくり炒めることで甘味がぐんと増すが、火入れしすぎて焦がしてもいけない。その火入れ加減で、とびきりおいしく、瑞々しく仕上げることができる。
　鶏肉は皮目からパリッと焼いて脂の甘味を引き出すと香ばしくおいしく仕上がる。
　ビステッカは、牛肉にあらかじめ塩をふらず、焼く時に片面ずつふってじっくり焼くと、肉汁たっぷりのレアに仕上がる。
　このバランスを見極めるのはとても難しい。この差が作り手の技量の違いになるのだ。
　僕は修業時代を含めて30年作り続けて、体で覚え、感覚でわかるようになった。この本では、それぞれの素材を生かす塩加減や、火加減がわかるように、詳しくレシピにしました。

基本に忠実に、丁寧に作る

　無駄な工程は省いてよいが、意味のある工程は手を抜かず丁寧にやることが大切。
　例えば、イカすみスパゲッティは、内臓以外をまるまる使ってだしを取る。

じゃがいものニョッキは、毎日じゃがいもをゆでて生地から丁寧に手作りしている。そうすると、仕上がりの味が断然違う。

ここフィレンツェでも、それらを手作りする店は減っているように思います。だからこそ、その違いに気が付いてくれるお客さんがアッカディに来てくれているのだと思います。

この本では、レシピごとの重要な工程に、その意味やポイントを記したので参考にしてください。

日本とイタリアの食の共通点と違い

イタリア人は日本人よりもはっきりした味を好み、塩加減、辛味は強めが好まれること、料理は必ずワインとのコンビネーションで、前菜・主食・主菜・デザートのコースで食されること、全体的にボリュームが多い点が異なります。

しかしそれ以外、おいしいものに対する考えはあまり大きな違いはないと感じています。イタリア人も日本人と同様に、食べることを愛する国民であり、素材にこだわること、素材のおいしさを理解し、あまり手を加えないところ、新鮮な素材をそのまま味わおうとする点が共通しています。

これは余談ですが、日本人のお客さんは食事の際に比較的静かで、あまりしゃべらない印象がありますね。イタリア人はわいわいがやがや、とにかくうるさい（笑）。食事を心から楽しみます。

Filosofia della bontà di TOSHI

「おばあちゃんの味」が最大の賛辞

　おいしいものは幸せを運びます。食べた人が幸せになれる空間を、おいしいと思ってもらえる料理をと、25年作り続けてきました。

　アッカディの人気メニューのひとつ、「ニョッキ」は、ローマでの修業時代に、店のおばあさんから3か月間教わって習得したものですが、「子どもの頃に食べたノンナ（おばあちゃん）の味を思い出す」とイタリア人に言ってもらえたことが何度もあります。それは僕にとって最大の賛辞です。

　同じく人気メニューの「イカすみスパゲッティ」は「本場のヴェネツィアよりもおいしい」とイタリア人に言われたことが自信につながっています。「なすとチーズの重ね焼き」のように、常連客のおばあさんからリクエストされ、基本の作り方を教わり、作ってみたところ絶賛されて、アッカディのメニューに加わったものもあります。

　こうして、地元のイタリア人たちに教わり、反応を確かめながら作り上げてきたのが、アッカディのイタリア料理なのです。

Ingredienti e Condiment

この本でよく使う調味料・食材

イタリア料理には特徴的な調味料と食材があります。
ここでは、本書でよく使用する調味料と食材についてご紹介します。
必ずしも同じものではなく日本で手に入るもので作ってOKです。

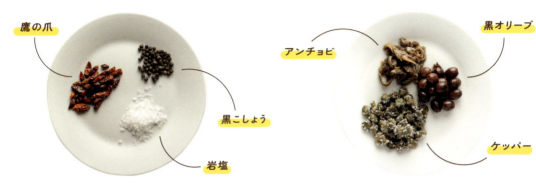

- 鷹の爪
- 黒こしょう
- 岩塩
- アンチョビ
- 黒オリーブ
- ケッパー

右下は、岩塩（Gemma di mare社）。パスタをゆでたり肉を焼く時には、粒の粗いグロッソを。味付けには、粒の細かいフィーノを使用。右上は、黒こしょう（METRO Chef社）。アクセントをつけたい時に、包丁の腹で砕いて使用。左は、鷹の爪（METRO Chef社）。辛味を加えたい時に。

右は、黒オリーブ（METRO Chef社）。パスタなどの香りづけに使用。下は、ケッパー（METRO Chef社）。酢漬けのものだと味が変わるので、塩漬けのものを使用。左上は、アンチョビ（METRO Chef社）。独特の風味があり旨味づけに使う。ブロッコリーなど青い野菜との相性がよい。

チーズ

右は、パルミジャーノ（METRO Chef社）。旨味があり、塩味はややマイルド。左は、ペコリーノ・ロマーノ（PINNA社）。旨味があり、塩味はやや強い。両方ともすりおろして使用。

トマト

トマトソースにはトマトホール缶（ROSSO Gargano社）を、ミートソースには2倍濃縮のトマトペースト（MUTTI社）を使っている。フレッシュさを生かしたい時には生のトマトを使う。

ワイン

右の白ワインは、ミートソースの煮込みや肉団子などに使用。左の赤ワインはペポーゾの煮込みなどに使用。両方ともaccadiでもサーブしている、トスカーナ地方のワイン（GUELFO社）。

バター・生クリーム

右は、バター（METRO Chef社）。無塩を使用。左は生クリーム（乳脂肪分36％／Mukki社）。これより濃度が低いものを使用する場合は多めに、高いものを使用する時は少なめに加減を。

Ingredienti e Condiment

この本でよく使う調味料・食材

パスタ
左からスパゲッティ（バリラ社／1.8ミリ）。ペンネ（バリラ社）。右上がフェットチーネ（生タイプ／サンタン・ブロージョ市場内で購入）。右下はニョッキ。アッカディで手作り（P76）。

ローズマリー

セージ
上からローズマリー。清涼感をプラスしたい時に使用。中がセージ。鶏レバーや豚肉と相性がよい。下の黒い実はイノシシソースなどに使うジュニパーベリー（このレシピ本では不使用）。

ローリエ

バジル
上はローリエ。ミートソースなどの煮込み料理に使用。下がバジル。甘い芳しさが含まれていて、ソースなどを「甘い」「味が濃い」と感じさせる効果がある。

オリーブオイル
本書ではエクストラ・バージン・オリーブオイルを使用。サンカッシャーノから直接取り寄せている（PODERE IL CASTELLUCCI社）。

本書の決まりごと

- 小さじ1は5㎖、大さじ1は15㎖です。
- コンロの火力は特に記載のない場合は中火です。加熱時間は、ガスコンロを使用した場合の目安です。IH調理器具の場合や、コンロの性能によっても加熱時間に差が出るため、様子を見て適宜調節してください。
- スパゲッティは、バリラ社（太さ1.8ミリ／メーカー推奨ゆで時間9分）を使用し、具材やソースによって加減したシェフおすすめのゆで時間を記載しています。ご使用のパスタによって異なりますので、パッケージの表示時間を見て加減してください。

- パスタをゆでる塩水の濃度は約2％です。イタリアではやや濃いめの味付けが好まれるため、塩分が強めになっています。お好みによって加減してください。
- オーブンは予熱してから使用してください。機種によって性能に差があるので、表記の温度と時間を目安に、様子を見て適宜調節してください。
- 冷蔵は4度以下を基準に保存の目安を記載しています。
- YouTubeチャンネルと本書とでレシピ内容が異なる場合がありますが、どちらも間違いではありません。

Benvenuti
いらっしゃーい

Antipasto

前菜

イタリア料理は昼も夜も、前菜＋主食＋主菜＋デザートの定食セットを基本に、まずは前菜（アンティパスト）から始まります。ブルスケッタなど、イタリアで定番のものに加え、クロスティーニなど、トスカーナ地方ならではのものを紹介します。

前菜

鶏レバーのオープンサンド
Crostini di fegato

「塩なしパン」に、鶏レバーをのせた
トスカーナ名物のオープンサンド、「クロスティーニ」。
香ばしく焼き上げた鶏レバーの風味と、
ケッパーが効いた、コクのあるペーストがたまらない。

材料 （2人分）

オリーブオイル	大さじ1.5
A にんにく	1片
鶏レバーとハツ（血抜きをしておく）	300g
塩	4g
こしょう	適量
セージ	4枚
バター（無塩）	15g＋3g
アンチョビ	10g
ケッパー（塩漬け／塩気を抜いて刻む）	30g
玉ねぎ（スライス）	150g
甘口ワイン（ヴィンサント）	35㎖
ブロード（P105）	200㎖＋大さじ2
硬くなったパン（スライス）	6枚
お好みの野菜	適量

Point by TOSHI

鶏レバーは、焼き色がつくまで煮込んで、
香ばしさを出しておくことが大事！

作り方

1. フライパンにオリーブオイルを入れて熱し、Aを入れて強火で煮込む。
2. 鍋にバター、アンチョビ、ケッパーを加えて混ぜ、さらに玉ねぎを加えて水分がなくなるまで煮込む。
3. レバーに焼き色がついたら、甘口ワインを加えてアルコール分を飛ばす。
4. 鍋にブロードを加えて、水分がなくなるまで煮詰める。
5. フライパンにブロードを足して、底に焼きついた旨味を溶かして4に加える。
6. 鍋からセージを抜いて、ハンドブレンダーで攪拌する。バターを加えて混ぜる。
7. パンをグリルで軽く温めて、ブロードでしっとりと湿らせ、ブロード（分量外）でのばしたペーストを盛る。器にのせ、お好みの野菜を添える。

旨味を100％逃さずペーストに加える。

硬くなったパンの方がおいしい。ブロードでしっとりさせる。

Tasting　by ぼなぺTV

ねっとりしたレバーの旨味で赤ワインがすすむトスカーナの定番前菜。店によってレシピが微妙に違うため、これが旨い店は間違いない味の指針。

02 Antipasto

前菜

なすとチーズの重ね焼き
Melanzane alla parmigiana

イタリア全土でポピュラーな、前菜にも
メインにもなる一品。香ばしく焼いた
チーズの旨味・塩味、トロッとしたなすの甘味、
トマトの爽やかな酸味が絶妙な味わい。

材料 （2人分）

なす（輪切り）	200g
小麦粉（強力粉）	少々
溶き卵	1個分
揚げ油	適量
トマトソース（P104）	130g
生バジル（手でちぎる）	4〜5枚
モッツアレラ（細かく切る）	60g
パルミジャーノ（すりおろす）	25g

作り方

1. オーブンを240度に予熱しておく。
2. なすに小麦粉をつけて、水（分量外）で溶いた溶き卵にくぐらせて、油で揚げる。
3. 揚げたなすにトマトソース、バジル、モッツアレラ、パルミジャーノの順にのせ、同様のものを重ねる。
4. オーブンに入れて10分焼く。

溶き卵を水で溶くと、サックリと揚がる。

• Point by TOSHI •

パルミジャーノは、固形のものを、使う直前にすりおろすと、風味が断然違う！

揚げたなすと、2種類のチーズをのせ重ねる。パルミジャーノは風味付けのため。

オーブンで焼くと香ばしく焼き上がる。ない場合は、フライパンで蒸し焼きを！

Tasting　by ぼなぺTV

揚げたなすとトマト、そしてチーズ。おいしいものを全部重ねてオーブンで焼いたやつ。間違いようのないおいしさ！

前菜

もぎたての完熟トマト。

ブルスケッタ
Bruschetta

イタリアで定番の前菜。
農家が畑で作業の合間に、熟したトマトを
パンにすりつぶして食べたのが始まり。
カリッと香ばしく焼いたパンと、
トマトの酸味・甘味、バジルの風味が食欲をそそる。

材料 （2人分）

硬くなったパン（スライス）	60g
にんにく（半分に切る）	½片
トマト（さいの目切り）	110g
生バジル（手でちぎる）	4〜6枚＋トッピング適量
塩	2g
こしょう	少々
オリーブオイル	大さじ1＋小さじ1

作り方

1. パンをカリカリに焼き、にんにくをこすりつける。
2. トマト、バジル、塩、こしょう、オリーブオイルを混ぜ合わせる。
3. ①に②をのせ、さらにバジルをのせ、仕上げにオリーブオイルをかける。

> バジルは細かくし、トマトと調味料と混ぜてよく香りを移す。

> 指で押してへこまない弾力まで焼く。焦がさないように。

• Point by TOSHI •

パンににんにくをしっかりとこすりつけて香りを移すこと。全体に味が締まる。

トマトはなるべく完熟のものを選び、常温で使うと、甘味が増して感じられる。

Tasting　by ぼなぺTV

シンプル・イズ・旨い！　カリッとしたパンに、直接こすりつけた、にんにくのパンチの効いた味がたまらない！

04 *Antipasto*

― 前菜

トスカーナの塩なしパン。

パンのサラダ
Panzanella

硬くなったパンを再利用したことから始まった、
フィレンツェの代表的な家庭料理。
暑い日や、食欲がない時にもさっぱりといただける。
冷やして食べると味が締まっておいしい。

材料 （2人分）

硬くなったパン	120g
水	適量
塩	4g
こしょう	2g
白ワインビネガー	大さじ1
オリーブオイル	大さじ2＋トッピング適量
きゅうり（半月切り）	70g
トマト（さいの目切り）	35g
赤玉ねぎ（赤でなくてもOK／スライス）	35g
生バジル（手でちぎる）	3～4枚＋トッピング適量

• Point by TOSHI •

塩は、先にパンに混ぜてから、その後に野菜と混ぜるようにすると、野菜の歯ごたえがシャキッと残っておいしくなる！

作り方

1. パンをボウルに入れ、ひたひたまで水を加えて泡だて器でほぐす。
2. 手で丸めて水分をよく絞る。ボウルに戻し、塩、こしょう、白ワインビネガー、オリーブオイルを混ぜておく。
3. 別のボウルに、きゅうり、トマト、赤玉ねぎ、生バジルを入れて混ぜ合わせ、❷と混ぜ合わせる。
4. ラップをして冷蔵庫で一晩寝かせる。
5. 器に盛り、オリーブオイルをかけ、バジルをトッピングする。

> 柔らかいパンより、一度硬くなったパンを水で戻してほぐす方がおいしい。

> 冷やすと味が浸み込んでおいしくなる。

Tasting — by ぼなぺTV

トスカーナの夏の味といえばこれ。味の濃い夏野菜たちがシャキッとアクセントに。爽やかな味付けで、暑い夏でもいくらでも食べられちゃう！

前菜

豚肉のオイル漬け
Tonno del Chianti

豚肉の保存方法として考案された、トスカーナ地方・キャンティ発祥の料理。
柔らかく漬け込んだ豚肉が、ツナのような味わいだったことからこの名前がついた。

材料

〈漬け肉〉(作りやすい分量)

豚肉(ロース塊肉／4〜5cm幅に切る)	550g
塩	10g
水	2ℓ
A 塩	3g
にんにく(スライス)	1片分
赤玉ねぎ(赤でなくてもOK／スライス)	50g
黒こしょう(ホールを包丁の腹で砕く)	5〜6粒
パセリの茎	4〜5本
ローリエ	1枚
オリーブオイル	適量

〈仕上げ〉(1人分)

白いんげん豆(ゆでたもの／P92)	100g
豚肉(漬け肉)	60g
B 赤玉ねぎ(赤でなくてもOK／スライス)	20g
トマト(さいの目切り)	15g
こしょう	少々
イタリアンパセリ(みじん切り)	少々
オリーブオイル	適量

• Point by TOSHI •

5時間煮込んだ後、火からおろして完全に冷めるまで置いておくと、一度豚肉から溶け出した旨味が再び肉に吸収される。

▶ 漬け肉の保存期間：冷蔵で10日間

Tasting by ぼなぺTV

本当にマグロみたいな味わい。でも豚肉。下に敷いた白いんげん豆との組み合わせとオリーブオイルの風味で、キャンティ(ワイン)がススムぅ！

作り方

1. 豚肉に塩をふって、6〜8時間冷蔵庫で寝かせる。
2. 鍋に水を入れ❶と❹を加えて強火で煮る。沸騰寸前に弱火にし、フタをして5時間煮込む。最初のアクはよく取る。 ※ホロホロに柔らかくなるまでじっくり煮込む。
3. 火を消して完全に冷えるまで置いておく。
4. 容器にオリーブオイルを入れ、水気を拭いた肉を漬けてラップをし、冷蔵庫で2日寝かせる。 ※水分が残っていると傷みやすいため注意。
5. 器に白いんげん豆をしき、豚肉(漬け肉)を手でほぐしてのせる。❻をのせる。仕上げにオリーブオイルをかける。

Antipasto 06・07

前菜

いちじくと
サラミの盛り合わせ

I fichi e saláme

イタリアでポピュラーな、シンプルかつ最強の前菜。
サラミの塩味といちじくの甘味がポイント。

材料 （2人分）

サラミ（1.5ミリ幅にスライス）……………… 70g
いちじく（くし形切り／4等分）…………… 100g

作り方

❶ 器にサラミをのせ、いちじくをのせる。

> 柔らかくて甘味ののっ
> た完熟のいちじくを!

カプレーゼ

Caprese

カプリ島発祥の前菜。トマトの甘味・酸味と
モッツァレラの爽やかなクリーミーさがよく合う。

材料 （1人分）

トマト ……………………………………… 200g
塩 ……………………………………………… 少々
モッツァレラ（食べやすく切る）………… 100g
生バジル（手でちぎる）………………… 3〜4枚
こしょう …………………………………… 少々
オリーブオイル …………………………… 適量
お好みの野菜 ……………………………… 適量

作り方

> 常温の方がトマトの甘
> さが濃く感じられる。

❶ トマトは常温に戻しておき、食べやすい大きさに
切る。

❷ 器にトマトをのせて塩をふり、モッツァレラと生
バジルをのせてこしょうをふる。

❸ お好みの野菜を添え、オリーブオイルをかける。

> チーズには塩気がある
> ので、トマトにのみ。

29

Piatti popolari

アッカディの人気メニュー
BEST 3

アッカディで人気のあるメニューとは？ TOSHIさんがイタリア人に負けないと絶対的自信を持つおすすめベスト3とともに、お聞きしました。

アッカディ人気メニュー

1位
カレッティエーラ
P.32

TOSHIおすすめメニュー 1位

意外な人気メニュー

　どちらも1位はカレッティエーラ。トスカーナ名物のピリ辛のトマトソースのパスタです。食材はシンプルですが、食べてみると何度もリピートしたくなる奥深い味なんですよ。人気2位はイカすみのスパゲッティ。「ヴェネツィアが本場なのにおいしい」と口コミやSNSなどで話題になり、人気の定番メニューとなりました。意外なのが、人気3位のスカローラ（エンダイブ）のペンネ。日本ではなじみがありませんが、なぜかイタリア人はスカローラが大好き（笑）。プッタネスカのソースベースに、スカローラのシャキッとした食感がとても人気なので、通年のメニューにしています。

　僕がおすすめしたいのは、ニューディ。イタリア語で裸という名の、リコッタチーズをベースに作るトスカーナ名物の団子状のニョッキです。独特の食感がおいしく食べ応えのある主食なので、ぜひ試してみてほしいですね。もうひとつは、じゃがいもから作る、ふんわりもっちりとしたニョッキの食感と、ほんのり甘い濃厚なミートソースがマッチしたもの。そのおいしさの秘訣はレシピにまとめたので、ぜひまねしてみてください。

2位
イカすみのスパゲッティ
P.52

2位
リコッタとほうれん草のニューディ
P.73

3位
スカローラのペンネ
P.70

3位
ミートソースのニョッキ
P.72

イタリアで成功するための3要件

　「イタリアで飲食店が成功するためには、3つのおいしいものが必要だ」とイタリア人に学び、これまで忠実に実践してきました。そのひとつが、トスカーナパン。塩なしのパンで、近所のおいしい店から、毎朝焼かれたパンを仕入れて提供しています。ふたつめが「白いんげん豆」。イタリア人は、ほのかに甘い柔らかな白いんげん豆が大好き。絶妙な塩加減と、おいしいゆで方が大切なんです（P92）。3つめがおいしいオリーブオイル。生でかけて使用するオイルは、エキストラ・バージン・オリーブオイルで、農家から1年分を取り寄せたものを使っています（P16）。

È bello
よい感じ！

Primo piatto

第１の皿
主食

パスタ　*Pasta*
リゾット　*Risotto*
スープ　*zuppa*

第１の皿（プリモ・ピアット）は、パスタ・リゾット・スープを指します。特にパスタは日本でもおなじみのイタリアンですが、超定番ものから、ご当地もの、野菜を使ったもの、そしてTOSHIオリジナルの変わり種まで、種類豊富に紹介します。

カレッティエーラ
Spaghetti alla carrettiera

荷車を引く車夫たちが好んで食べたといわれる、トスカーナの名物パスタ。
アッカディの人気メニューベスト3のひとつ。
TOSHIがイタリア人シェフに負けないと絶対的自信を持つ一皿。
ピリッと辛味のあるトマトソース、
イタリアンパセリの風味が食欲をそそる。

材料 （1人分）

スパゲッティ	100g
スパゲッティをゆでる水	3ℓ
スパゲッティをゆでる塩	60g
オリーブオイル	大さじ1.5
にんにく（スライス）	1片分
鷹の爪（こなごなにする）	1本分
イタリアンパセリ（みじん切り）	適量＋トッピング適量
トマトソース（P104）	100g
ゆで汁	50g

Tasting by ぼなぺTV

これぞアッカディ最強パスタ。シンプル・イズ・ヤバい！ピリッと辛いペペロンチーノとガッツリ効いたにんにく、すべてをまとめ上げるトマトソース。旨・ボンジョルノ!!

カレッティエーラのおいしさのポイント

一見シンプルなパスタですが、
そのおいしさの違いを生むものとは何か？

ポイント 1

ピリッと辛味
にんにくと、鷹の爪の香りをしっかりとオイルに効かせておくこと。イタリアンパセリの清涼感がアラビアータとの違い。

ポイント 2

まろやかなトマトソース
ちょうどよい塩加減でバランスの取れた、じっくりと煮込んで作る瑞々しいトマトソースを使うのがおいしさの違いになる。

ポイント 3

麺にからんだソース
硬めにゆでたスパゲッティを、ソースで煮込み和えることで、麺の一本一本にソースがとろりとからんだスパゲッティに。

08 Primo Piatto

主食／パスタ

カレッティエーラの作り方

1

鍋に水と塩を入れて沸騰させ、スパゲッティを入れてゆで始める。

Point by TOSHI │ バリラ社の直径1.8ミリを使用。アルデンテの持ちがよく、イタリア人好みのもちっとした食感にゆで上がる。塩分濃度は約2％。

2

フライパンにオリーブオイルとにんにく、鷹の爪を入れて弱火でじっくりと熱し、オイルに香りを移す。

Point by TOSHI │ 見た目の色づきではなく、ふわっと香りが立つまで熱すること。決して焦がさないように。

3

にんにくが色づいてきたら、イタリアンパセリを加える。

Point by TOSHI │ イタリアンパセリは、鮮やかさを残すため、後から加える。

4

トマトソース、ゆで汁を加えて混ぜる。火を止めてスパゲッティのゆで上がりを待つ。

Point by TOSHI │ 手作りのおいしいトマトソース（P104）を使うとおいしさが段違いに変わる。ゆで汁でトマトソースの濃度を調整する。

詳しい工程を紹介。基本の流れと考え方は、カレッティエーラだけでなく、すべてのパスタに共通するのでぜひ参考に。

5

スパゲッティを7分ゆでたら、❹に加える。

Point by TOSHI ｜ バリラの表示ゆで時間は9分だが、煮込み和えるので早めに取り出す（ゆですぎない）。

6

同じ方向にグルグルかき混ぜながら、ソースが麺にからむようにじっくり煮込み和える。

Point by TOSHI ｜ 一方向に混ぜると麺にソースがしっかりからむ。逆回転させるとからみにくいので注意。

7

麺によくソースがからんで、水分がなくなり、とろりとしてきたら火を止める。

Point by TOSHI ｜ フライパンを傾けてもソースが垂れなくなったらできあがり（パチパチ音がするまで煮込まないように）。

8

器に盛る。さらにイタリアンパセリをふる。

Point by TOSHI ｜ トマトの甘味、酸味を楽しみたいなら、チーズはかけないのがおすすめ！（コレはTOSHIの絶対！）

09 *Primo Piatto*

主食／パスタ

カルボナーラ
Carbonara

ローマで炭焼き職人が食べたのが発祥のパスタ。パンチェッタの旨味・塩味と、チーズの塩味が効いて、黒こしょうが香る、パンチの効いた味わい。

おいしさの違いは旨味のあるパンチェッタ。シンプルな素材だけで家で作れる！

材料 （1人分）

スパゲッティ	120g
スパゲッティをゆでる水	3ℓ
スパゲッティをゆでる塩	60g
パンチェッタ（P106）	40g
ゆで汁	大さじ2
オリーブオイル	小さじ1
卵	1個
黒こしょう（ホールを包丁の腹で砕く）	2.5g
パルミジャーノ（すりおろす）	25g＋3g
ペコリーノ・ロマーノ（すりおろす）	10g

パンチェッタの脂の旨味がソースベースになるので、出し切るまで焼くように。

作り方

① 鍋に水と塩を入れて沸騰させ、スパゲッティを入れてゆで始める。
② パンチェッタは1.5cm幅の細切りにする。
③ フライパンにオリーブオイルを入れて熱し、パンチェッタを入れカリカリになるまで焼く。ゆで汁を加え火を止める。
④ スパゲッティを9分ゆでたら、を③に加える。
⑤ ボウルに卵、黒こしょう、パルミジャーノ、ペコリーノを入れて混ぜる。
⑥ ⑤を④に混ぜ、からめたら終わり。パルミジャーノを加えて混ぜ、器に盛る。

ソースが固まってしまわないように、卵液を加えたら、加熱せず、からめるのみ。

> パスタをソースに煮込み和えないため表示通りゆでる。

> 風味と塩味をバランスよくするため、2種類をブレンド。

Tasting by ぼなぺTV

脂の旨味がガツンと濃厚。ペコリーノ・ロマーノの塩気と黒こしょう、卵が麺をしっかり包んで、ビバ・ローマ!!

10 Primo Piatto

主食／パスタ

アマトリチャーナ
Amatriciana

ローマと同じラッツィオ州にある街、
アマトリーチェが発祥といわれるパスタ。
酸味のあるトマトソースに
パンチェッタの旨味と玉ねぎの甘味。
鷹の爪のピリッとした辛味が食欲を増す。

• **Point by** TOSHI •

玉ねぎを切る時、包丁は前後に動かすと断面をつぶさず、ふんわりと切れる。

材料 （1人分）

スパゲッティ	100g
スパゲッティをゆでる水	3ℓ
スパゲッティをゆでる塩	60g
オリーブオイル	小さじ1
パンチェッタ（1cm幅の細切り）	30g
鷹の爪（こなごなにする）	⅓本分
玉ねぎ（みじん切り）	20g
ブロード（P105）	55g
トマトソース（P104）	100g
Ⓐ ペコリーノ・ロマーノ（すりおろす）	適量
パルミジャーノ（すりおろす）	適量

パンチェッタに玉ねぎを加えて炒めることで脂の旨味に甘さが加わった味になる。

作り方

① 鍋に水と塩を入れて沸騰させ、スパゲッティを入れてゆで始める。
② フライパンにオリーブオイルを入れて強火で熱し、パンチェッタを入れて炒める。
③ 鷹の爪、玉ねぎを加え、パンチェッタがカリカリになるまで炒める。
④ ブロード、トマトソースを加える。温まったら火を消しておく。
⑤ スパゲッティを7分ゆでたら、フライパンに加えて、煮込み和える。
⑥ 麺がよくからみソースがなくなったら、Ⓐを加えて混ぜ、器に盛る。

> ソースベースになるのでパンチェッタの旨味を100%出し切る。

> チーズの風味を生かすため最後に加える。

Tasting　by ぼなぺTV

パンチェッタの脂の旨味がポイント。トマトソースのコクとペコリーノの塩気。濃厚だけど、ペロリといけちゃう。

11 Primo Piatto

主食／パスタ

ジェノベーゼ
Pesto alla genovese

香草の産地ジェノバ発祥のバジルペーストのパスタ。松の実、パルミジャーノ、
じゃがいも、オリーブオイルの濃厚なソースが
スパゲッティによくからむ。さやいんげんが爽やかさをプラス。

材料

〈ジェノバペースト〉（作りやすい分量）

A
生バジル	30g
松の実	20g
じゃがいも（ゆでたもの）	75g
さやいんげん（ゆでたもの）	30g
イタリアンパセリ	15g
パルミジャーノ	25g
にんにく	1片分
オリーブオイル	70g
塩	1g

〈パスタ〉（1人分）

スパゲッティ	100g
スパゲッティをゆでる水	3ℓ
スパゲッティをゆでる塩	60g

B
ジェノバペースト	50g
ゆで汁	50mℓ
じゃがいも（ゆでたもの／輪切り）	75g
さやいんげん（ゆでたもの／半分に切る）	30g

パルミジャーノ（すりおろす） ……… 5g

• Point by TOSHI •

ジェノバペーストは、材料を全部入れて、なめらかになるまで攪拌するだけ。ゆでたスパゲッティに和えればパスタも完成。

▶ ジェノバペーストの保存期間：7日間

作り方

1. ボウルにAを入れてハンドミキサーで攪拌する。
2. 鍋に水と塩を入れて沸騰させ、スパゲッティを入れてゆで始める。
3. フライパンにBを加えて和える。
4. スパゲッティを9分ゆでたら、3に加えて和える。最後にパルミジャーノを加えて和え、器に盛る。

> パスタは煮込まないので時間通りゆでる。

> ソースを加えたら、和えるだけでいい。

tasting　by ぼなぺTV

手作りペーストはバジルの風味がスゴイ。すべてが混然一体。キリッと冷えた白ワインとともに、母を尋ねて三千里。

12 Primo Piatto

主食／パスタ

パルミジャーノ
ペコリーノ・ロマーノ

カーチョ・エ・ペペ

Cacio e pepe

バター・黒こしょう・チーズだけの究極のシンプルパスタ。黒こしょうとチーズの風味をいかに引き出すかが重要。チーズは2種類を混ぜると、塩味のバランスがよくなる。

材料 （1人分）

スパゲッティ	100g
スパゲッティをゆでる水	3ℓ
スパゲッティをゆでる塩	60g
Ⓐ オリーブオイル	22㎖
バター（無塩）	5g
黒こしょう	0.5g＋1.5g
ゆで汁	大さじ2
ペコリーノ・ロマーノ（すりおろす）	5g
パルミジャーノ（すりおろす）	15g＋トッピング適量

作り方

① 鍋に水と塩を入れて沸騰させ、スパゲッティを入れてゆで始める。

② フライパンにⒶを入れて熱し、黒こしょう、ゆで汁を加える。

③ スパゲッティを7分ゆでたら、をフライパンに加え、煮込み和える。

④ 麺によくソースがからんで、とろりとしてきたら、黒こしょう、ペコリーノ・ロマーノ、パルミジャーノを加えてすぐ火を止める。器に盛り、パルミジャーノをトッピングする。

• Point by TOSHI •

黒こしょうは、使う直前に包丁の腹でつぶすと、香りの立ちが断然よい。

黒こしょうを加えたら、焦げやすいのでゆで汁を足して、火の通りを止める。

チーズを加えたら、風味を損なわないようにするため、すぐに火を止める。

Tasting　by ぼなぺTV

チーズとこしょう、それだけなのにこんなに旨い！　だまされたと思ってまずは一回作ってみてほしい一皿。ただしチーズは本格的なものを！

13 Primo Piatto

主食／パスタ

味の決め手はにんにくと鷹の爪。

ペペロンチーノ
Spaghetti aglio, olio e peperoncino

イタリア人がみんな大好きな定番中の定番。
にんにく、鷹の爪、イタリアンパセリだけで作るスパゲッティ。
シンプルなだけにそれぞれの香りをいかに引き出すかがポイント。

材料 （1人分）

スパゲッティ	100g
スパゲッティをゆでる水	3ℓ
スパゲッティをゆでる塩	60g
オリーブオイル	大さじ2
にんにく（スライス）	1片分
鷹の爪（こなごなにする）	1本分＋トッピング用適量
イタリアンパセリ（みじん切り）	5g＋トッピング用適量
ゆで汁	30g

作り方

1. 鍋に水と塩を入れて沸騰させ、スパゲッティを入れてゆで始める。
2. フライパンを熱し、オリーブオイル、にんにく、鷹の爪を加える。
3. にんにくが色づき、オイルに香りがよく移ったら、火を止める。
4. イタリアンパセリを加え、ゆで汁を加える。
5. スパゲッティを7分ゆでたら、フライパンに加え、煮込み和える。
6. 麺によくソースがからんで、とろりとしてきたら、器に盛り、鷹の爪、イタリアンパセリをトッピングする。

• Point by TOSHI •

にんにくと鷹の爪の香りをじっくり炒めて、オイルに香りを移すのが味の決め手。

イタリアンパセリを加えたら、ゆで汁を加えて火の通りを止め、余熱で一瞬のうちに香りを出す。すると鮮やかに香る。

tasting — by ぼなぺTV

旨・辛！ にんにくと鷹の爪がピリリと効いて食欲をそそる。イタリア好みで辛味強めだから、苦手な人は鷹の爪を少なめにした方がよいかも！

主食／パスタ

14 Primo Piatto

プッタネスカ
Puttanesca

名前の由来は娼婦風。
保存がきく材料のみで作ることができるシンプルパスタ。
アンチョビ、ケッパー、黒オリーブ、
イタリアンパセリの香りを際立たせることが重要。

（アンチョビ／黒オリーブ／ケッパー）

材料 （1人分）

スパゲッティ	100g
スパゲッティをゆでる水	3ℓ
スパゲッティをゆでる塩	60g
オリーブオイル	大さじ2
Ⓐ にんにく（スライス）	1片分
鷹の爪（こなごなにする）	1本分
アンチョビ（刻む）	6g
ケッパー（塩漬け／塩気を抜いて刻む）	8g
黒オリーブ（塩漬けのもの）	15g
イタリアンパセリ（みじん切り）	2g＋2g＋トッピング適量
ゆで汁	大さじ5＋大さじ2
トマトソース（P104）	75g

作り方

1. 鍋に水と塩を入れて沸騰させ、スパゲッティを入れてゆで始める。
2. フライパンにオリーブオイルを入れて熱し、Ⓐを加える。香りをオイルに移す。
3. アンチョビ、ケッパー、黒オリーブ、イタリアンパセリを加える。さらにゆで汁、トマトソースを加えて、混ぜたら火からおろす。
4. スパゲッティを7分ゆでたら、❸に加え、ゆで汁を加えて煮込み和える。
5. 麺によくソースがからんで、とろりとしてきたら、イタリアンパセリを混ぜて器に盛る。お好みでさらにイタリアンパセリふる。

• Point by TOSHI •

ケッパーは酢漬けのものだと酸味が出て味が変わるので塩漬けのものを使用する。

トマトソースを加えたら火からおろす。トマトソースの風味を損なわないため。

Tasting by ぼなぺTV

ケッパー、アンチョビの塩気、黒オリーブの風味が飽きずに食べさせてくれる。シンプルなのに奥行きのある味わい。

15 Primo Piatto

主食／パスタ

ミートソースのスパゲッティ
Ragù alla bolognese

トスカーナ地方では、狩りのシーズンとなる冬場は、イノシシ、鴨、野うさぎ、鹿肉を使ったミートソースが食される。ショートパスタのペンネや生パスタのタリアテッレにもよく合う。

• Point by TOSHI •

香味野菜をじっくり炒めておくことでソースの甘味が増し、旨味が引き立つ。

煮込んでいくと、徐々に水分が減り、表面に油分が浮いてきたら、できあがり。

材料

〈ミートソース〉(作りやすい分量)

- オリーブオイル……大さじ4
- Ⓐ 玉ねぎ(みじん切り)……150g
- にんじん(みじん切り)……150g
- セロリ(茎と葉のみじん切り)……150g
- 塩……小さじ1
- こしょう……少々
- 白ワイン……50mℓ
- 牛豚合いびき肉……500g
- 赤ワイン……150mℓ
- ブーケガルニ(セージ3枚、ローズマリー1枚、ローリエ1枚を束ねる)……1本
- トマトペースト(2倍濃縮)……50g
- トマトソース(P104)……250g

〈スパゲッティ〉(1人分)

- スパゲッティ……100g
- スパゲッティをゆでる水……3ℓ
- スパゲッティをゆでる塩……60g
- ミートソース……100g
- ブロード(P105)……50mℓ
- パルミジャーノ(すりおろす)……5g

▶ ミートソースの保存期間：冷蔵で4〜5日間

作り方

1. 鍋にオリーブオイルを入れて熱し、Ⓐを加え炒める。
2. しんなりしたら、白ワインを加えて強火で熱しアルコールを飛ばす。
3. 合いびき肉を加えて、混ぜながら炒める。
4. 水分が出るまで炒めたら、赤ワイン、ブーケガルニを加えて、強火〜中火でことこと30分煮込む。
5. トマトペースト、トマトソースを加えて、弱火で1時間煮込む。
6. 水分が減って煮詰まり、油分が表面に浮いてきたら完成。
7. 別の鍋に水と塩を入れて沸騰させ、スパゲッティを入れてゆで始める。
8. フライパンを熱し、❻のソースを100g取り、ブロードを加える。
9. スパゲッティを7分ゆでたら、❽に加え煮込み和える。
10. 麺によくソースがからんで、とろりとしてきたら、パルミジャーノを加えて混ぜ、器に盛る。

> 火の通りが早くなる。

> とろみづけのため。最後に加える。

Tasting — by ぼなぺTV

皆さんご存じ、ラグーソース！ゴロッとした肉感と赤ワインと野菜の深み、甘辛バランスが最高。もちろん赤ワインを一緒にゴクリ！

主食／パスタ

にんじん
セロリ
玉ねぎ
赤センマイ

• Point by TOSHI •

赤センマイは、香味野菜と同様にみじん切りにすると、麺にからみやすくなる。

香味野菜をじっくり炒めてから、赤センマイを加えて煮込むと、甘さが出てくる。

ランプレドットの タリアテッレ

Tagliatelle al Lampredotto

ランプレドットとは、フィレンツェ名物のモツ煮込みのこと。赤センマイ（牛の第四胃）と香味野菜をじっくり煮込んだ濃厚なソースが、幅広のタリアテッレにからんで食べ応えあり。

材料

〈ランプレドットソース〉（作りやすい分量）

オリーブオイル……………… 大さじ3
にんにく（スライス）……………… 1片分
Ⓐ 玉ねぎ（みじん切り）………… 150g
　にんじん（みじん切り）………… 100g
　セロリ（みじん切り）…………… 100g
　塩…………………………… 小さじ1
赤センマイ（牛の第四胃／みじん切り）… 500g
白ワイン……………………… 100㎖
Ⓑ トマトソース（P104）………… 350㎖
　黒こしょう（ホールを包丁の腹で砕く）
　………………………………… 1g
　トマトペースト（2倍濃縮）… 大さじ1

〈タリアテッレ〉（1人分）

タリアテッレ（生）……………… 100g
タリアテッレをゆでる水………… 3ℓ
タリアテッレをゆでる塩………… 60g
ランプレドットのソース………… 150g
ゆで汁………………………… 50㎖
パルミジャーノ（すりおろす）
　……………… 5g＋トッピング適量

▶ ランプレドットソースの保存期間：冷蔵で4〜5日間

作り方

1. 鍋にオリーブオイル、にんにくを入れて熱し、Ⓐを加えて炒める。
2. しんなりしてきたら、赤センマイを加えて、水分がなくなるまで炒める。
3. 白ワインを加えてアルコール分を飛ばしたら、Ⓑを加えて、弱火でことこと40分煮込む。
4. 表面にオイルが浮いてきたら、ソースが完成。
5. 別の鍋に水と塩を入れて沸騰させ、タリアテッレを入れて3分ゆでる。
6. フライパンに、4のソース、ゆで汁を入れて混ぜる。
7. ゆで終わったタリアテッレをフライパンに加えてソースをからめる。
8. 最後にパルミジャーノを混ぜる。器に盛る。

赤センマイの油分が浮いてくると、煮上がったサイン。

Tasting　by ぼなぺTV

モツ系の臭みはまったくない。炒めた野菜の旨味に、ほんのりトマトが優しい。パスタにソースがからんで、ボーノ！

17 Primo Piatto

主食／パスタ

イカすみのスパゲッティ
Spaghetti al nero di seppia

イタリア人が
「ヴェネツィアで食べるよりはるかにおいしい！」と
絶賛してくれた、アッカディの
人気メニューベスト3のひとつ。
イカからだしをいかに引き出すかがおいしさの差に。

• Point by TOSHI •

イカのだしが最も出るのは、実は、皮や身の部分。香味野菜とじっくり煮込む。

加工されたイカすみペーストではなく、本物のすみ袋を使うと、格段においしい。

材料

〈イカすみソース〉（作りやすい分量）

イカ（コウイカ）	220g
（掃除前320g／すみ袋5g）	
オリーブオイル	大さじ3
にんにく（みじん切り）	1片分
鷹の爪（こなごなにする）	1本分
Ⓐ 玉ねぎ（みじん切り）	150g
セロリ（みじん切り）	150g
イタリアンパセリ（みじん切り）	2g
塩	小さじ1
白ワイン	70㎖
トマトソース（P104）	135g
水	50㎖

〈スパゲッティ〉（1人分）

スパゲッティ	100g
スパゲッティをゆでる水	3ℓ
スパゲッティをゆでる塩	60g
オリーブオイル	大さじ1
にんにく（スライス）	1片分
イカすみソース	80g
トマトソース（P104）	35g
イタリアンパセリ（みじん切り）	2g＋トッピング適量

▶ イカすみソースの保存期間：冷蔵で4〜5日間

作り方

① イカの内臓から、すみ袋を取り出す。残りの内臓、口、目は取り除く。イカの身は、皮はつけたままで、1cm角に切る。

② 鍋にオリーブオイルを入れて熱し、にんにく、鷹の爪を入れる。Ⓐを加えて炒める。

③ しんなりしてきたら、イカを加えて炒める。

④ 水分が一回出て、再び煮詰まるまで炒めたら、白ワインを加えてアルコールを飛ばす。

⑤ トマトソースを加え、弱火で20分ことこと煮込む。

⑥ すみ袋と水をハンドミキサーで攪拌し、⑤に加える。

⑦ 別の鍋に水と塩を入れて沸騰させ、スパゲッティを入れてゆで始める。

⑧ フライパンにオリーブオイルを入れて熱し、にんにくを加えて香りを移す。

⑨ フライパンに⑥のイカすみソース、トマトソース、イタリアンパセリを加える。

⑩ スパゲッティを7分ゆでたら、⑨に加えて煮込み和える。麺によくソースがからんで、とろりとしてきたら器に盛る。イタリアンパセリをのせる。

Tasting　by ぼなぺTV

イカすみの甘い香りと旨味！絶対みんな大好きなやつ。幸せ感じる真っ黒パスタ。本場ヴェネツィアより旨いやつ！

主食／パスタ

タコ

イタリアンパセリ

タコの スパゲッティ

Spaghetti al polpo

魚介のなかでも、タコはトマトソースの
パスタに合う食材。
野菜の甘味を引き出し、
タコを柔らかく加熱するのがコツ。

• Point by TOSHI •

タコは、切らずに丸のまま蒸し煮にすると、身が縮まず、柔らかくふっくらと煮ることができる。最後に食べやすく切る。

材料

〈タコソース〉（作りやすい分量）

- Ⓐ オリーブオイル ……………… 大さじ5
  にんにく（みじん切り） ………… 1片分
- タコ（ボイルしたもの） ………………… 1.1kg
- 玉ねぎ（みじん切り） ………………… 170g
- トマトソース（P104） ………………… 240g

〈スパゲッティ〉（1人分）

- スパゲッティ ……………………… 100g
- スパゲッティをゆでる水 ……………… 3ℓ
- スパゲッティをゆでる塩 …………… 60g
- Ⓑ オリーブオイル ……………… 大さじ1
  にんにく（みじん切り） …………… 1g
  鷹の爪（こなごなにする） ………… 少々
- タコソース ………………………… 120g
- ゆで汁 ……………………………… 大さじ2
- イタリアンパセリ（みじん切り） ………… 2g

▶ タコソースの保存期間：冷蔵で4～5日間

作り方

1. 鍋にⒶを入れて熱し、香りをよく移す。
2. タコは丸のまま、玉ねぎを加え、フタをして弱火で1時間蒸し煮にする。
3. トマトソースを加えて15分煮込み、鍋の中でタコをキッチンバサミで2㎝幅に切る。
4. 別の鍋に水と塩を入れて沸騰させ、スパゲッティを入れてゆで始める。
5. フライパンにⒷを入れて熱する。タコソースとゆで汁を加えて混ぜる。
6. スパゲッティを7分ゆでたら、フライパンに加えて煮込み和える。
7. 麺によくソースがからんで、とろりとしてきたら、イタリアンパセリを和える。器に盛る。

じっくり煮込んだ玉ねぎが甘味をプラスする。

Tasting — by ぼなぺTV

柔らかく煮込んだタコが最高。旨味がソースに溶け出して、トマトがのっかり倍増。海鮮好きにはたまらないパスタ。

19 Primo Piatto

主食／パスタ

ムール貝のリングイーネ
Linguine alle cozze

ムール貝の美味しい産地が多いイタリアで人気の一皿。
ムール貝をいかにふっくらとおいしく仕上げるかが決め手になる。
リングイーネではなくスパゲッティでもおいしい。

ムール貝

材料（1人分）

リングイーネ	100g
リングイーネをゆでる水	3ℓ
リングイーネをゆでる塩	60g
オリーブオイル	大さじ2
にんにく（スライス）	1片分
鷹の爪（こなごなにする）	½本分
トマト（さいの目切り）	50g
ゆで汁	大さじ2
ムール貝	150g
イタリアンパセリ（みじん切り）	2g＋2g
白ワイン	50㎖

• Point by TOSHI •

ムール貝は、ゆで汁をかけたトマトにのせ、さらに白ワインをかけて蒸し煮にすることで、身が縮まずふっくらと仕上がる。またイタリアンパセリは、2回に分けて加えることで、香りを損なわない。

作り方

1. 鍋に水と塩を入れて沸騰させ、リングイーネを入れてゆで始める。
2. フライパンにオリーブオイルとにんにく、鷹の爪を入れて熱する。
3. トマト、ゆで汁を加え、その上にムール貝、イタリアンパセリをのせ、白ワインをかける。フタをして蒸し煮にする。
4. リングイーネを7分ゆでたら、❸に加え、煮込み和える。
5. 麺によくソースがからんでとろりとしたら、イタリアンパセリを加えて混ぜる。器に盛る。

1回目はオイルに香りを移すため。

2回目は色と風味を立たせるため。

Tasting　　by ぼなぺTV

ピリリとしたにんにくオイルに、ムール貝のだしがしみて幸せ感じる。イタリアンパセリの清涼感がアクセント。

57

20 Primo Piatto

主食／パスタ

スタッフの
キッカも大好き！

フレッシュトマトの
スパゲッティ

Spaghetti al pomodoro

イタリアで老若男女が大好きなパスタの王様。
フレッシュなトマトとバジルを使うことと、
トマトの旨味を引き出すための塩加減が重要。

材料 （1人分）

スパゲッティ	100g
スパゲッティをゆでる水	3ℓ
スパゲッティをゆでる塩	60g
オリーブオイル	大さじ2.5
にんにく（おおまかにカット）	1片分
トマト（さいの目切り）	120g
生バジル（手でちぎる）	3枚＋トッピング適量
塩	ひとつまみ
ゆで汁	大さじ2

• Point by TOSHI •

トマトの甘味・旨味を引き出すためには、
しっかりと塩が効いていることが大切。
麺のゆで汁＋ソースの塩で効かせる！

作り方

① 鍋に水と塩を入れて沸騰させ、スパゲッティを入れてゆで始める。

② フライパンにオリーブオイルを入れて熱し、にんにくを入れて香りを移す。

③ トマト、バジルを加え、木さじで混ぜながらトマトをつぶし、塩を加える。

> トマトは熟したものを常温で使うと甘味が増す。

④ スパゲッティを7分ゆでたら、スパゲッティ、ゆで汁を③に加え、煮込み和える。

⑤ 麺によくソースがからんでとろりとしてきたら、器に盛りバジルをトッピングする。

Tasting — by ぼなぺTV

もしかしたら一番イタリアらしい一皿かもしれない。フレッシュだけどもトマトの旨味がいっぱい。チーズをたっぷりかけて、ぼなペティート！

キノコのスパゲッティ
Spaghetti ai funghi

トスカーナでは、ポルチーニ（*6月中旬〜7月中旬／9月中旬〜10月末*）、トリュフ（*11月初旬〜12月末*）など、季節ごとにおいしいキノコが豊富！その季節に手に入るキノコで、風味を最大限に生かしたパスタを作ろう。

材料 （1人分）

スパゲッティ	100g
スパゲッティをゆでる水	3ℓ
スパゲッティをゆでる塩	60g
オリーブオイル	大さじ2.5
にんにく（スライス）	1片分
A お好きなキノコ（しめじ、まいたけなど／一口大に切る）	130g
塩	少々
こしょう	少々
B イタリアンパセリ（みじん切り）	2g
ブロード（P105）	大さじ3

キノコ（マッシュルーム、しめじ、まいたけ）

作り方

1. 鍋に水と塩を入れて沸騰させ、スパゲッティを入れてゆで始める。
2. フライパンにオリーブオイルを入れて熱し、にんにくを入れる。
3. オイルににんにくの香りが移ったら、**A**を加え、強火で炒める。
4. しんなりしたら、**B**を加えて、とろとろになるまで煮詰める。
5. スパゲッティを7分ゆでたら、**4**に加えて煮込み和える。
6. 麺によくソースがからんでとろりとしてきたら、器に盛る。

> キノコの風味を感じるため、チーズはトッピングしないのがおすすめ！

• Point by TOSHI •

キノコは強火で炒めて、水分を飛ばすと、旨味が強くなる。そこにブロードを足して吸収させることで風味が格別になる！

Tasting　　by ぼなぺTV

シンプルなにんにく・オイルのソースにキノコの旨味が溶け込んでいる。キノコの食感も歯ごたえがあって最高。

主食／パスタ

なすのスパゲッティ
Spaghetti alle melanzane

トマトソースの酸味と、なすの甘味の相性がバツグン。
なすはとろりとするまでよく炒めると、甘味が増しておいしい！

材料 （1人分）

オリーブオイル	大さじ2＋大さじ1
Ⓐ なす（さいの目切り）	50g
玉ねぎ（みじん切り）	20g
塩	少々
スパゲッティ	100g
スパゲッティをゆでる水	3ℓ
スパゲッティをゆでる塩	60g
トマトソース（P104）	80g
にんにく（スライス）	1片分
鷹の爪（こなごなにする）	½本分
生バジル（手でちぎる）	2〜3枚分＋トッピング適量
ゆで汁	大さじ2
パルミジャーノ（すりおろす）	5g

• Point by TOSHI •

なすは火が通りにくいので、十分に火を通してからトマトソースを加える。加えた後は、なすに火が通らないので注意。

作り方

1. 鍋にオリーブオイルを入れて熱し、Ⓐを加え炒める。フタをして弱火で蒸し煮する。
2. 別の鍋に水と塩を入れて沸騰させ、スパゲッティを入れてゆで始める。
3. なすに完全に火が通りとろっとしたら、トマトソースを加える。
4. フライパンにオリーブオイルと、にんにく、鷹の爪、生バジルを入れて熱する。❸を加える。
5. スパゲッティを7分ゆでたら、❹に加えて、ゆで汁を加え、煮込み和える。
6. 麺によくソースがからんでとろりとしてきたら、パルミジャーノを混ぜる。
7. 器に盛り、さらにバジルをトッピングする。

> 玉ねぎを加えてよく炒めると甘味が加わる。

> なすに火が通りやすい！オイルも最小限ですむ。

tasting　by ぼなぺTV

なすがトロトロで、旨・ボンジョルノ！　ほのかなトマトも効いていて、野菜だけなのに、こんなに旨いなんて感動！

23 Primo Piatto

主食／パスタ

ブロッコリーの スパゲッティ
Spaghetti ai broccoli

グリーンが鮮やか。決め手は強めの塩と重曹。
にんにく、鷹の爪、アンチョビが、ブロッコリーソースをピリリと引き締めてくれる。
ペンネ、フジッリなどのショートパスタにも合う！

材料 （1人分）

スパゲッティ	100g
スパゲッティをゆでる水	3ℓ
スパゲッティをゆでる塩	60g
ブロッコリー（小房に切る。茎は上の部分だけスライス）	200g
ブロッコリーをゆでる水	1ℓ
ブロッコリーをゆでる塩	10g
重曹	小さじ1
オリーブオイル	大さじ2.5
Ⓐ にんにく（スライス）	1片分
鷹の爪（こなごなにする）	½本分
アンチョビ（刻む）	1g
ゆで汁	大さじ2
パルミジャーノ（すりおろす）	大さじ2

作り方

1. 鍋に水と塩を入れて沸騰させ、スパゲッティを入れてゆでる。
2. 別の鍋に水、塩を入れて熱し、ブロッコリーをゆでる。重曹を加える。
3. フライパンにオリーブオイルを入れて熱し、Ⓐを入れる。
4. フライパンに❷のブロッコリーを加えて熱する。ゆで汁を加え、木ベラでブロッコリーを崩しながら煮込む。
5. スパゲッティを7分ゆでたら、❹に加えて、煮込み和える。
6. 麺によくソースがからんでとろりとしてきたら、パルミジャーノを加えて混ぜる。器に盛る。

• Point by TOSHI •

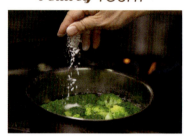

ブロッコリーをゆでる時、強めの塩と重曹を加えると、緑がとても鮮やかになる。

ブロッコリーをつぶす時、金物を使うと色が黒くなるので、必ず木ベラを使う。

tasting　by ぼなべTV

ドロッとソース状のブロッコリーが、濃厚な味わい！アンチョビとニンニクのパンチが効いてワインがススム。おかわりが欲しくなるパスタ。

主食／パスタ

野菜の クリームスパゲッティ
Spaghetti alle verdure con panna

トロリと炒めた野菜の甘味と、
生クリームが絶妙にマッチした
食べ飽きないスパゲッティ。

パプリカ
ズッキーニ
なす

材料 （1人分）

スパゲッティ	………………………………	100g
スパゲッティをゆでる水	……………………	3ℓ
スパゲッティをゆでる塩	……………………	60g
Ⓐ オリーブオイル	………………………	大さじ2
バター(無塩)	……………………………	5g
Ⓑ パプリカ(さいの目切り)	…………………	30g
ズッキーニ(さいの目切り)	………………	30g
なす(さいの目切り)	……………………	30g
塩	………………………………………	少々
Ⓒ ゆで汁	…………………………………	大さじ2
生クリーム	……………………………	100mℓ
パルミジャーノ(すりおろす)	………………	8g
黒こしょう(ホールを包丁の腹で砕く)	…………	適量

生クリーム・ゆで汁を加えたら、全体を
さっと合わせてすぐに火を止める。加熱
しすぎると分離してしまうので注意する。

作り方

① 鍋に水と塩を入れて沸騰させ、スパゲッティを入れて
ゆで始める。

② フライパンにⒶを入れて強火で熱し、Ⓑを加えて、ト
ロッとするまで炒める。

③ フライパンに、Ⓒを加えて火を止める。

④ スパゲッティを7分ゆでたら、❸に加え、煮込み和える。

⑤ 麺によくソースがからんでとろりとしてきたら、火か
らおろしパルミジャーノを混ぜる。

⑥ 器に盛り、黒こしょうをかける。

なすは油を吸うが、後から
水分が出て油っぽくなるの
で、オイルは足さない。

生クリームには黒こしょうが合う！

Tasting by ぼなぺTV

日本人なら大好きなクリーム
パスタ！　野菜の旨味・甘味
が感じられて、幸せな口当た
り。食べるとほっこりする。

明太風スパゲッティ
Spaghetti di peperoni rossi

赤パプリカで明太風パスタになる?!
TOSHIオリジナルのアレンジメニュー。
「だまされたと思って作ってみて（by TOSHI）」

材料 （1人分）

スパゲッティ	100g
スパゲッティをゆでる水	3ℓ
スパゲッティをゆでる塩	60g
オリーブオイル	大さじ1
バター(無塩)	20g
アンチョビ(刻む)	5g
赤パプリカ(みじん切り)	30g＋10g＋トッピング適量
ゆで汁	大さじ2
パルミジャーノ(すりおろす)	5g
海苔(細切り)	少々

Point by TOSHI

赤パプリカは、スパゲッティを加える前と後に分けて加え、赤い色をキープするようにする。仕上げにトッピングも行う。

作り方

1. 鍋に水と塩を入れて沸騰させ、スパゲッティを入れてゆで始める。
2. フライパンを熱し、オリーブオイル、バター、アンチョビ、赤パプリカを入れる。
3. スパゲッティを7分ゆでたら、❷に加えて混ぜる。
4. 赤パプリカ、ゆで汁を加えて、煮込み和える。
5. 麺によくソースがからんでとろりとしてきたら、パルミジャーノを加えて混ぜる。
6. 器に盛り、赤パプリカをのせ、海苔をのせる。

チーズは風味を生かすため最後に。

Tasting by ぼなぺTV

赤パプリカがまさに明太風の味！　大発見。海外では明太子にあまりお目にかかれないので代用できるなんて最高。

主食／パスタ

スカローラのペンネ
Penne alla scarola

スカローラとはレタスに似たキク科の野菜。
「なぜかイタリア人はこのパスタが大好き」。
ソースベースはプッタネスカと同じ。
スカローラの歯ごたえを残すように仕上げるのがポイント。

スカローラ

材料 (1人分)

ペンネ	80g
ペンネをゆでる水	3ℓ
ペンネをゆでる塩	60g
オリーブオイル	大さじ2
Ⓐ 鷹の爪(こなごなにする)	1本分
にんにく(スライス)	1片分
アンチョビ(刻む)	8g
ケッパー(塩漬け／塩気を抜いて刻む)	5g
黒オリーブ(塩漬け)	5個
Ⓑ トマト(さいの目切り)	65g
イタリアンパセリ(みじん切り)	2g
ブロード(P105)	大さじ2
ゆで汁	50㎖
スカローラ(レタスで代用可／ざく切り)	40g

Point by TOSHI

スカローラのシャキッとした食感を残すため、加えるのは、ペンネを煮込み終える1分前。さっと煮込み和えたら完成。

作り方

① 鍋に水と塩を入れて沸騰させ、ペンネを入れてゆで始める。
② フライパンにオリーブオイルを入れて熱し、Ⓐを加えて混ぜて炒める。
さらにⒷを加えて混ぜる。
③ ペンネを7分ゆでたら、②に加える。
④ ゆで汁、スカローラを加えて混ぜ、煮込み和える。
⑤ ペンネによくソースがからんでとろりとしてきたら、器に盛り付ける。

Tasting — by ぼなぺTV

アンチョビ・ケッパーの香り、アンチョビの旨味・塩気に、レタスのようなシャキッとした食感が爽やかでクセになる。

ミートソースのニョッキ
Gnocchi al ragù

リコッタとほうれん草のニューディ
Gnudi

27 Primo Piatto

主食／パスタ

ミートソースの ニョッキ
Gnocchi al ragù

イタリア人に「おばあちゃんの味を思い出す」と絶賛された。違いは、もっちりふんわりとした食感と、じゃがいものほのかな甘味。濃厚なミートソースによく合う。食べ応えあり。

• Point by TOSHI •

生地をまとめる時には、ふんわりと持って優しく丸める。決して練らない。

時間がたつとダレてくるので、すばやく成形してカットし、すぐにゆでていく。

浮いてきたら取り出し、くっつき防止のためオイルを引いた皿の上で冷ます。

材料

〈ニョッキ〉（作りやすい分量）

じゃがいも	500g
塩	ひとつまみ
こしょう	ひとつまみ
パルミジャーノ（すりおろす）	50g
小麦粉（強力粉）	300g

〈ミートソースのニョッキ〉（1人分）

ニョッキ	90g
ミートソース（P48）	45g
ブロード（P105）	大さじ2
パルミジャーノ（すりおろす）	10g

作り方

〈ニョッキ〉

1. じゃがいもを皮ごとゆでる。竹ぐしで刺して通ったらゆで上がり。
2. ナプキンで持ちながらあつあつのうちに❶の皮をむいていく。泡だて器でほぐす。
3. 完全に冷ましたら塩を入れる。こしょう、パルミジャーノ、小麦粉を加えて混ぜる。
4. 台に打ち粉（分量外）をして、❸の生地を取り出し、回しながら優しく丸める。
5. 弾力がついたら、細長くして、1cm幅にカットし、すぐゆでる。
6. 浮いてきたらゆで上がり。オリーブオイルを引いた皿に上げて冷ます。

▶ ニョッキの保存期間：冷蔵で3日間

〈ミートソースのニョッキ〉

1. 鍋でニョッキを温める。
2. フライパンにミートソース、ブロード、ニョッキを加えて和える。
3. 最後にパルミジャーノを加えて和える。器に盛る。

> じゃがいもはゆでてから皮をむくとむきやすい。

> 指を差しても、生地がついてこない硬さ。

Tasting — by ぼなぺTV

モチッと、そしてふわっと、ポテトの甘さが広がるニョッキ。そこに肉々しいラグー。これはもう「優勝」の一皿。

リコッタとほうれん草のニューディ
Gnudi

リコッタチーズとパルミジャーノ、
ほうれん草を丸めて作る、トスカーナの名物料理。
セージ・バターのソースが食欲をそそる。
アッカディのスタッフ、キッカの大好物。

材料

〈ニューディ〉（直径4cm／30個分）

ほうれん草	230g
Ⓐ リコッタチーズ（すりおろす）	1300g
パルミジャーノ（すりおろす）	30g
塩	少々
こしょう	少々
小麦粉（強力粉）	170g

〈ソースがけニューディ〉（1人分）

ニューディ	5個（280g）
Ⓑ バター（無塩）	30g
お湯	大さじ2
セージ	2枚
パルミジャーノ（すりおろす）	5g

• *Point by* TOSHI •

材料が均一になるように、指を差すようにして混ぜ、ひとまとまりにしてこねる。

作り方

〈ニューディ〉

❶ ほうれん草をゆでる。鍋に水（分量外／適量）と塩（分量外／少々）を入れて沸騰させ、ほうれん草を加えてゆで、水気を絞ってみじん切りにする。

❷ ボウルに❶とⒶを入れてこねる。直径4cmのボール30個分に丸める。

❸ 鍋に水（分量外／適量）を入れて熱し、ニューディを投入する。

❹ 5〜6分後浮いてきたら上げる。 ──── ゆで上がりの合図。

〈ソースがけニューディ〉

❶ フライパンにⒷを加えて混ぜ、ニューディを入れて和える。

❷ 最後にパルミジャーノを加えて和える。器に盛る。 ──── パルミジャーノの風味を生かすために和えるのみ。

▶ ニューディの保存期間：冷蔵で2日間

Tasting — by ぼなぺTV

パスタといえばスパゲッティばかりの人に食べてほしいほんとのイタリアのプリモ料理（小声）笑。じんわりと優しい素朴な味。これ旨いんだ〜。

75

01 Intervista

TOSHIさんにインタビュー

「日本人でも店をやれる!」「日本人のコックは優秀!」と証明したかった。

料理人を目指してイタリアに渡り、日本人オーナーシェフのイタリア料理店として「アッカディ」を25年も続けてきたTOSHIさんに、過去を振り返り、語ってもらった。

20歳。料理人を目指す

僕は、愛媛県に生まれ、19歳で上京。20歳の時、もともと子どもの頃から台所に立つことが好きだったし、賄いがあるのがよいと思って、料理人を目指しました。

ある会社がフレンチを始める求人に応募したところ、未経験を理由に不採用だったのですが、面接を見ていた別のシェフから、イタリアンも始めるからやってみないかと誘われ、そのシェフのもとで、調理補助として3年働きました。

24歳。ローマで3か月修業

初めてイタリアに渡ったのは24歳の時(1989年)。ローマの「ダ・チェンチャ」という店に、当時の職場から派遣され、3か月間、観光ビザで、調理補助として働きました。

当時の日本ではバジルも入手しにくく、かわりにシソを使っていたり、トマトホール缶も限られたブランドのものしかなかった。イタリアンの料理人を目指すなら、本物を知っておくべきと言われていたし、チャレンジしたかった。

ローマの店では、当時82歳のジョバンナさんに、仕込みの仕方や、ニョッキの作り方などの指導を受けました。1か月間、毎日アマトリチャーナだけを作らされて、なかなかOKがもらえず、悔しい思いをしたけど、最後に「これは、いい!」と褒められたのが、最高に嬉しかった。

パスタは麺の一本一本にソースがからむように、リゾットはお米の一粒一粒にソースがからむように煮込み和えるのが大切と学びました。

当時のオーナーとは30年以上たった今もつきあいがあるのは涙が出るほど嬉しい。知り合った人とは僕も縁を大切にしてきた。外国人がここで何かを始めようと考えるには大切なことだと思っています。

24〜26歳。四谷三丁目の「アラゴスタ」へ

その後一度帰国し、当時四谷三丁目にあったイタリアン「アラゴスタ」(現在は高田馬場「タベルナ」が同じ藤本社長の店)で料理人として2年働きました。26歳の時、一念発起し、再びイタリアに渡りました。

26〜30歳。イタリアで足がかりを探す

最初は何もコネクションがなく、2か月間ホテル住まい。求人を探し回りましたが、なかなか仕事が見つかりませんでした。その間に日本のテレビ番組のコーディネーターをしていました。

何かあった時もイタリア人の感覚になりきることで乗り越えられました

Intervista di
TOSHI

「疲れたなあ…。みそ汁が飲みたい」と思い、たまたま入った「エイト」という日本レストランでオーナーに声をかけられ、事情を話したところ、「滞在許可証は準備するので、昼か夜かどちらかだけでいいから働いてみないか」と誘われて2年間働きました。

「リストランテ・アッレ・ムラーテ」がフェラガモと共同経営している店「オステリア・カッフェ・イタリアーノ」で3か月間アルバイトしたりもしました。

30歳。共同経営で イタリアンをオープン

30歳の時、イタリア人の友達に誘われて共同出資し、「イラッディ」というイタリアンをオープンしました。場所はフィレンツェの中心街から離れた、サンフレディアーノの職人街です。

当時は、イタリアで自分一人でイタリア料理の店をやれるとは思ってもいませんでした。この時は、イタリア人に誘われたからやってみようと思ったのです。

ところが、意見が合わなくなり、2年後に抜けることにしました。「お客さんを喜ばすためにこうしたい」など、何事も自分で判断したかったから。

お客さんも増えて、「料理がおいしければ一人でもやれる」と思えたし、仕入れ先や会計士などの人脈もできていました。

35歳。アッカディをオープン

友人から「店を売りたがっている人がいる」という情報を入手し、交渉したところ予算内の価格で契約することができました。

2000年12月2日に、フィレンツェのボルゴ・ピンティにアッカディをオープン。当時、日本人のオーナーシェフとしては、初めてのイタリア料理店でした。

なぜイタリアで店を持ちたかったのかといえば、「日本人は、調理技術も高いし、素直だし、安くてもまじめに働く」と思われていたし、そういう日本人をたくさん見てきた。だから、「日本人でもやれるんだよ！」と証明したかった。「日本人のコックは優秀なんだ！」と言いたかったから。

スタートして3か月で、イラッディの3年間で最もよかった時をさらに超える売り上げになりました。

2011年2月にアッカディの向かいにお寿司屋さんをオープン。2018年に中央市場のフードコートに出店しました（現在は後者の店舗は閉店）。

アッカディを 25年続けてこられた理由

僕がこれまで心がけてきたのは、「お客さんに居心地のいい空間を提供すること。おいしい料理を出し続ける」ということ。「おいしいという期待をいつも裏切らない」ということです。

グランドメニューは替えず（お客さんに人気のあるメニューに）、シーズンで3品ずつ替えて季節感を取り入れる。

そして、お客さんの名前を覚える。日々が宣伝だと思って。地元の人間関係を大切にする。そうすることでリピーターが増えました。観光客もリピーターになってくれて、オープンから毎年来てくれる海外在住者もいます。

2002年に体調不良で3週間入院するというピンチもあったけれど、医師のお客さんが医療機関を紹介してくれて乗り越えることができました。

イタリア人の感覚を理解するまでにイライラしたこともあったけど、「自分もイタリア人になろう」と決めて、乗り越えてきました。

僕にとって好きなことだから、苦労を苦労と思わず続けてこられた。従業員にも恵まれ、お客さんに恵まれたからこそだと感謝しています。

02 Intervista

ぼなぺTVさんにインタビュー

TOSHIさんとは、これからもずっと "言いたいことを 言い合える関係"でいたい

ぼなぺTVさんに、TOSHIさんと知り合ったきっかけや、注目した理由、そして、これから目指したいことを、語ってもらった。

コロナ禍でチャンネルを開始

僕のYouTubeチャンネル「ぼなぺTV」は「イタリアのおいしいもの・面白いイタリア人」を紹介するチャンネルとして2020年5月にスタートしました。実はそれまでソムリエとして働いていましたが、コロナ禍でのロックダウンで仕事がなくなり、2か月間アパートに缶詰めになったことが、始めたきっかけでした。
「とにかく時間だけはある。やってみよう」と。試行錯誤しながらでしたが、おかげさまで、2024年12月現在、登録者数が12万を超えるチャンネルになりました。

オファー後3年目にTOSHI登場

TOSHIさんが「ぼなぺTV」に登場したのは、2022年からなのですが、実はチャンネルを始めた当初からTOSHIさんに出演をオファーしていたんです。なぜなら、TOSHIさんは僕にとって「日本人でありながら、イタリア人よりイタリア人な人。キャラクターが立っていて、絶対に面白い」と確信していたから！
そもそも、僕が知人を介してTOSHIさんと知り合ったのは2014年のこと。2015から3年間、TOSHIさんの経営する寿司屋さんで従業員として一緒に働いていたこともあり、人物をよく知っていたのです。
チャンネルを開始した2020年頃は、TOSHIさんは中央市場の店舗の方に立っていることが多く、忙しいからと断られていました。2022年になり、中央市場の店をたたんで、アッカディに戻ってきたTOSHIさんに再びオファーをして、登場してもらうようになったのです。
TOSHIさんが登場後、登録者数が顕著に伸びたので、僕の確信は間違っていなかった！ TOSHIさんのおかげだと感謝しています。

イタリアでおいしい
食堂を見つけるコツ

イタリアのおいしいものを紹介するチャンネルとして、地元のおいしいトラットリアを探す僕なりのコツは、「長く続いている店」を探すことなんです。
行く前に、GoogleMapで店の写真、料理の写真を見ますが、評価やコメントは一切見ません。写真を見て、店の雰囲気が古くて、皿が白いところ、ボリュームの多い店は、はずれがないですね。
皿が白くないところは、盛り付けにこだわる新しい店が多い。白い皿の店は、映えを気にせず、料理で勝負している昔ながらの店が多い。

Intervista di
BonapeTV

> 僕はTOSHIさんの動画を編集している時もいつも笑っちゃう、というか楽しいんです。

「茶色いは正義」というのも言えて、「クロスティーニ」や「肉団子」などご当地メニューは茶色いものが多かったりするので、色的な映えを気にしていない店はアタリが多いです。

実際に店に行ってみて、50代くらいの「ベテランのおじさんがキビキビ働いている店は、はずさない」ということにも気が付きました（笑）。

2人のやりとりの空気感を伝えたい

アッカディは、まさにこの条件があてはまる、地元で愛される昔ながらの旨い店。

そして、TOSHIさんは、イタリア人よりイタリア人らしい人。フィレンツェの町を歩いていても、あちこちで声をかけられる有名人ですし、市場など仕入れ先でも、多くの人と挨拶を交わしたり、笑い合っていたり。

僕は、TOSHIさんとの動画を編集している時も、いつも笑っちゃうことが多いというか、楽しいんです。

そして、僕にとってTOSHIさんは、「何でも話せる血のつながっていない親戚のおじさん」なんです（「おにいさんでしょ」とTOSHIさんからツッコミあり）。血はつながっていないけど、なぜか親戚感があるんです。

時々「ぼなぺTVは、TOSHIさんにずけずけ物を言いすぎ」と、コメントで苦情がくることもあるんですが、お互いに遠慮せず言い合える2人のやりとりの空気感が、イタリアらしくて面白いと思ってもらえているのかなと思っています。自分たちで、「コミック料理動画」だね、なんて言っています。

2024年5月からTOSHIさん自身もYouTubeチャンネルを始めたことですし、僕のチャンネルではTOSHIさんのキャラクターはかなり浸透してきたと思うから、今後は、新たなキャラクターの発掘や、ソムリエとしてワインネタの打ち出しもしていきたいと思っています。

といっても、TOSHIさんのように、キャラクターが立った人は、なかなかいないんですけどね…。可愛いイタリア人の女の子で見つかったら最高なんですけど（笑）。

今後も、TOSHIさんとは、お互いに健康で、「言いたいことを言い合える関係」でずっといられたらなと思っています。

Le persone
アッカディをめぐる人びと

毎日がまるで劇場のようなアッカディ。
登場人物のスタッフや常連さんを紹介！

TOSHIは信頼するボスよ！

自慢のスイーツを食べに来て！

僕たちも頑張ってるよ！

スタッフ モニールさん
勤続3年の皿洗い担当。大量の鍋や皿やカトラリーをいつもきれいに洗ってくれる。目が合うとニコッとする人懐こいキャラクター。

スタッフ カジンさん
勤続4年の調理補助スタッフ。のんびり屋さんだけど、笑顔が素敵な癒しキャラクター。スイーツはTOSHIさんのレシピで毎日カジンさんが手作りしている。バングラデシュ出身。

スタッフ キッカさん
オープン当初から24年、アッカディを支えるサービス・スタッフ。ホスピタリティの高さに絶対の安心感。8歳の男の子のママ。一番好きなのは、タコのスパゲッティ。

アッカディは地元でも評判！

アッカディの味はこの街で一番！

スタッフ ステファノさん
勤続13年のサービス・スタッフ。厨房で食材のチーズをつまみ食いする自由人。一番好きなのは、ランプレドットのパスタ。

スタッフ アレッシオさん
勤続5年のサービス・スタッフ。常連さんからの信頼も厚い。味にはこだわりあり、賄い料理にも妥協しない！ 好きなのは、ペポーゾなど、肉の煮込み。

ワインと合うおいしい料理！

何を食べてもおいしい！

常連 レガ夫婦
夫はお医者さん。オープン当初から、ディナーに月に3回は来店。トスカーナワインに合う料理を楽しんでいる。好きなメニューは、ペポーゾとなすとチーズの重ね焼き。

常連 ボッティ夫婦
ご夫婦ともに元学校の先生。すぐ近所に住み、週に2回はランチに。ダンナさんはスカローラのスパゲッティ、奥さんはイカすみのスパゲッティが特に好き。

大満足のおいしさ！

常連　ジジさん
引っ越し屋さん。仕事で近くに来た時は必ず来店。好きなのは肉のソテー。「いつもおいしくて、お腹もいっぱいになるよ」

TOSHIの料理はマンマの味！

常連　ニッコロさん
水道屋さん。週に4日は来店。好きなのはカレッティエーラ。「子どもの頃に食べた味を思い出すよ！」

時々無性に食べたくなる！

常連　アンドレアさん
エノテカ・ピンキオーリの料理人。月に2回来店。好きなのはニューディ。「別の店で働いているけど、TOSHIの味は最高。時々ここに来て食べたくなるよ」

TOSHIはおいしいものを作る職人！

家族のようなつきあい

常連　シルバーノさん
「オープン当時から来ているから、もう20年以上になるね。TOSHIとは家族のようだよ」。好きなのはペポーゾ。

常連　ジュゼッペさん
毎日ランチに来店する常連さん。TOSHIさんの味に絶対の信頼。アルコールを控えている体を気遣って声をかけてくれるアッカディのスタッフとは、家族のようなつきあい。

アッカディの味は間違いない！

とにかくおいしいのさ！

常連　ジーノさん
建設業。週に4日来店。好きなのはブロッコリーのスパゲッティ。「ボリュームが多いのもうれしいね！」

常連　マリオさん
水道屋さん。週に4日来店。特にスープが大好き。「TOSHIとはもう長いつきあいになるよ」

常連　アリアンナさん
ブティックの経営者。週に3回はランチに来店。いつも頼むのはカレッティエーラ。この日の主菜は鶏のソテー！「おいしすぎて、ついつい食べ過ぎてしまうの」

ベーネ！（おいしい！）

鶏の焼き加減が最高！

常連　マルコさん
毎日オープン前の11時に来店して待つ常連さん。魚介が苦手で敏感だけれど、なぜかアンチョビ入りのクロスティーニはペロリ！ カレッティエーラ、ペポーゾ、ビステッカが大好き。

主食／リゾット

いちごのリゾット
Risotto alle fragole

イタリアでは米の収穫量が多いため、リゾットは定番の料理。
見た目はスイーツ、実は酸味があって甘くない主食。
米の風味をしっかり味わえるようにチーズを入れすぎないのが肝心。

材料 （1人分）

オリーブオイル	大さじ1.5
バター(無塩)	10g＋1g
玉ねぎ(みじん切り)	30g
塩	少々
生米	100g
ブロード(P105)	500ml
いちご(スライス)	80g＋トッピング10g
パルミジャーノ(すりおろす)	5g＋トッピング適量
イタリアンパセリ(みじん切り)	適量

Point by TOSHI

風味を保つため、いちごを加えるのは、完成する3分前にする。その前に、お米は、しっかりと煮込み和えておくこと。

作り方

① 鍋にオリーブオイル、バターを入れて熱し、玉ねぎ、塩を入れて炒める。
② 玉ねぎがしんなりしたら、生米を投入し、ブロードを何回かに分けて加えながら、米が透明になるまで木ベラでグルグル混ぜながら、煮込み和える。
③ 米が煮えたら、いちごを投入し、最後にパルミジャーノ、バターを加えて煮込み和える。
④ 器に盛る。いちご、パルミジャーノ、イタリアンパセリをトッピングする。

中に芯が残った状態（アルデンテ）に仕上がるとよい。

必ず一方向にかき混ぜ、米の一粒一粒にソースがからむように。

風味付けのため。

Tasting　by ぼなぺTV

いちごでリゾット!?　そう言わずに作ってみて！　爽やかな酸味とほのかな甘味が、リゾットに意外にも合うのよ。

主食／リゾット

ズッキーニのリゾット
Risotto alle zucchine

季節の野菜を使って作るリゾット。
なかでも旬のズッキーニは、炒めるととろりと甘味が増して、
えも言われぬおいしさ。アンチョビが旨味を押し上げてくれる。

材料 （1人分）

オリーブオイル	大さじ1
にんにく（みじん切り）	1片分
バター（無塩）	10g＋3g
アンチョビ（みじん切り）	少々
ズッキーニ（輪切り）	80g
玉ねぎ（みじん切り）	40g
生米	100g
ブロード（P105）	500mℓ
トマト（さいの目切り）	12g
パルミジャーノ（すりおろす）	10g

• Point by TOSHI •

食感がアクセントになるので、仕上げの直前にトマトを加え、風味を発揮させるためにパルミジャーノ、バターを加える。

作り方

1. 鍋にオリーブオイル、にんにくを入れて熱し、オイルに香りを移す。
2. バターとアンチョビを加え、ズッキーニと玉ねぎを加えてよく炒める。
3. 生米を投入し、ブロードを何回かに分けて加えながら、米が透明になるまで、木ベラでグルグル混ぜながら、煮込み和える。
4. 米が煮えたら、仕上げの1分前に、トマトを投入し、最後にパルミジャーノ、バターを加えて和える。器に盛る。

> 青い野菜にはアンチョビを効かせるといい。

> しっかり炒めて甘さを出す。玉ねぎはつなぎの役割にもなる。

Tasting　by ぼなべTV

シンプルながら奥深い。ズッキーニ大好きなので、お茶碗3杯いけちゃう。キリッと冷やした白ワインでサルーテ！

主食／リゾット

キノコのリゾット
Risotto ai funghi misti

キノコの旨味に、生クリーム、チーズ、バターのコクがマッチ。お好みの旬のキノコをミックスして、ぜひ味わってほしい。

• Point by TOSHI •

生クリームがコクを出す。分離しやすいので、完成1分前に投入。

材料 （1人分）

オリーブオイル	大さじ1.5
にんにく（スライス）	1片分
玉ねぎ（みじん切り）	40g
Ⓐ お好きなキノコ（マッシュルーム、しめじ、まいたけ／スライス）	60g
生米	100g
塩	少々
ブロード（P105）	500㎖
生クリーム	大さじ2
パルミジャーノ（すりおろす）	10g
こしょう	少々
バター（無塩）	3g
イタリアンパセリ（みじん切り）	2g

作り方

1. 鍋にオリーブオイル、にんにくを入れて熱し、オイルに香りを移す。
2. 玉ねぎを加えてしんなりしたら、Ⓐを加えてよく炒める。
3. ブロードを何回かに分けて加えながら、米が透明になるまで、木ベラでグルグル混ぜながら煮込み和える。
4. 米が煮えたら、生クリーム、パルミジャーノ、こしょうを加えて混ぜ、仕上げにバターを加えて和える。器に盛り、イタリアンパセリをふる。

チーズがとろみをつける。

ソースにたっぷりのキノコの旨味を移す。

パルミジャーノの リゾット
Risotto alla parmigiana

イタリア人にとって、病気で何も食べられない時にも、これだけは食べられる「おかゆ」のような位置づけの料理。マンマの味。

• Point by TOSHI •

パルミジャーノの風味を損なわないよう、完成直前に加える。

材料 （1人分）

オリーブオイル	大さじ1
バター（無塩）	10g＋3g
生米	100g
玉ねぎ（みじん切り）	40g
ブロード（P105）	500㎖
パルミジャーノ（すりおろす）	10g＋トッピング適量
塩	少々

作り方

1. 鍋にオリーブオイル、バターを入れて熱する。
2. 生米、玉ねぎを加えて、木ベラでグルグル混ぜながらよく煮込み和える。
3. 米が透明になってきたら、ブロードを何回かに分けて加え、混ぜながら煮込み和える。
4. 完成5秒前になったら、パルミジャーノ、バター、塩を混ぜて煮込み和える。
5. 器に盛る。パルミジャーノをトッピングする。

風味付けに。

33 Primo Piatto

主食／スープ

パッパ・アル・ポモドーロ
Pappa al pomodoro

硬くなったパンを再利用して作られたのが始まり。
トスカーナの代表的なおかゆスープ。
冬は温めて、夏は常温でいただく。
スルスルと喉越しよく、腹持ちもいい。

材料（作りやすい分量）

オリーブオイル	大さじ2＋トッピング適量
にんにく（スライス）	1片分
鷹の爪（こなごなにする）	½本分
玉ねぎ（みじん切り）	150g
白ワイン	50g
トマト缶（ホール）	400g
水	150mℓ
岩塩	6g＋6g
少し硬くなったパン（内側の柔らかい部分のみ）	170g
生バジル（手でちぎる）	適量

作り方

1. 鍋にオリーブオイル、にんにく、鷹の爪を入れて熱し、オイルに香りを移す。
2. 玉ねぎを加えて炒め、白ワインを加える。アルコールを飛ばす。
3. トマト缶を手でつぶしながら加え、岩塩を加えて、弱火で15分ことこと煮込む。
4. 水と岩塩を足す。沸騰したら火を止めて、パンを入れ、フタをして蒸す。
5. 20分蒸したら、泡だて器で攪拌する。
6. 器に盛り、オリーブオイルをかけて、バジルをのせる。

> トマトの風味を生かすため、煮詰まらないように足す。

> パンを入れたら加熱しない（ドロドロを防止）。

長ねぎとじゃがいものスープ
Zuppa di porri e patata

長ねぎの甘味、じゃがいも、生クリームのコクのあるポタージュスープ。最後にかけるオリーブオイルの渋みもアクセントになる。温めても冷やしてもおいしい。

Point by TOSHI

クリーム状になるまでハンドミキサーで攪拌。喉越しがよくなる。

材料 （作りやすい分量）

- Ⓐ オリーブオイル……………………大さじ2
- 　 バター（無塩）……………………20g
- 　 長ねぎ（細切り）…………………270g
- 　 じゃがいも（輪切り）……………170g
- 　 塩……………………………………小さじ1
- ブロード（P105）……………………600㎖
- 生クリーム……………………………50㎖
- イタリアンパセリ（みじん切り）……少々
- トマト（さいの目切り）………………少々
- オリーブオイル………………………少々

作り方

1. 鍋にⒶを入れて、フタをして弱火でじっくり煮込む。
2. しんなりしてきたらブロードを加えて、フタをして再び煮込む。
3. 30分くらい煮込んで、じゃがいもに火が通ったら、火を消す。
4. ハンドミキサーで、なめらかになるまで攪拌する。
5. 最後に生クリームを加えて混ぜる。
   器に盛り、イタリアンパセリ、トマトをのせて、オリーブオイルをふる。

> 混ぜるだけ。分離するため加熱しない。

にんじんのスープ
Zuppa di carota

イタリアで老若男女が大好きな
甘くてコクのあるポタージュスープ。
にんじんぎらいの子どもでもスルスル飲める。

• **Point by TOSHI** •

柔らかく煮込んだらハンドミキサーでなめらかに攪拌していく。

材料 （作りやすい分量）

オリーブオイル	大さじ3＋トッピング適量
バター(無塩)	25g
A にんじん(輪切り)	600g
玉ねぎ(みじん切り)	100g
塩	少々
ブロード(P105)	600㎖＋350㎖
岩塩	5g
イタリアンパセリ(みじん切り)	少々
トマト(さいの目切り)	少々

作り方

1. 鍋にオリーブオイル、バターを入れて熱し、**A**を加え10分炒める。
2. ブロード、岩塩を加え、フタをして弱火でじっくり煮込む。
3. 30分煮込んだら、ブロード、岩塩を追加し、ハンドミキサーで攪拌する。好みで塩(分量外)を追加する。
4. 器に盛り、イタリアンパセリ、トマトをのせて、オリーブオイルをかける。

> 岩塩を加えると、甘さが引き出される。

> にんじんと玉ねぎの甘味がグンと増す。

白いんげん豆とたらのスープ
Zuppa di fagioli e baccalà

イタリアで店を出して成功するなら「おいしい白いんげん豆」が重要と教わり、以来忠実に作り続けている。おいしい豆のゆで方、たらの食感が重要。

• **Point by TOSHI** •

白いんげん豆は、柔らかくなるまで、弱火でことことと煮込む。

材料 （2人前）

- Ⓐ 白いんげん豆 …………… 160g
  白いんげん豆をゆでる水 …… 600㎖
  白いんげん豆をゆでる塩 …… 5g
  オリーブオイル …………… 大さじ1
  セージ …………………… 1〜2枚
- Ⓑ オリーブオイル …………… 大さじ3
  にんにく（みじん切り） …… 1片分
  ローズマリー（みじん切り） … 少々
- Ⓒ トマトソース（P104） …… 50㎖
  ブロード（P105） ………… 100㎖
- たら（塩漬け／塩気を抜いて食べやすく切る）… 70g
- イタリアンパセリ（みじん切り）…… 少々

作り方

1. 鍋に、Ⓐを入れて弱火で3時間煮る。水が透明になったらゆで上がり（ゆで汁につけたまま冷蔵庫で1週間保存可能）。
2. 別の鍋にⒷを加えて熱し、香りをしっかり出す。
3. ❷に❶とⒸを加えて煮込む。ハンドミキサーで攪拌する。
4. たらを加えて、ひと煮たちしたら、器に盛りイタリアンパセリをふる。

> 食感を出すため、粒感を少し残すといい。

> たらは加熱しすぎず、ふっくらと仕上げる。

È Perfetto
ばっちり！

Secondo piatto

第2の皿

主菜

第2の皿（セコンド・ピアット）は、メイン料理です。トスカーナ地方は畜産業が盛んなため、食肉を使った料理が豊富です。この本では、ジビエなどは使わず、牛肉、鶏肉、挽肉など、比較的日本でも手に入れやすい食材で作るレシピを紹介します。

37 Secondo Piatto
主菜

ビステッカ
Bistecca alla Fiorentina

牛肉のTボーンステーキ。フィレンツェの代表的料理。
香ばしく焼いた厚切りの赤身肉を切り分けると、
肉汁がじゅわっと滴り落ちるので、
思わず喉を鳴らしてしまう。焼き加減が重要。

材料 （5〜6人分）

Tボーン牛肉（ヒレとロース／厚さ6cm）	2kg
岩塩	25g＋25g
お好みの野菜	適量

作り方

1. 牛肉は、焼く1時間前に冷蔵庫から出して常温に戻しておく。
2. グリルにのせ、片面に岩塩をのせて10分焼く。もう片面に岩塩をのせて10分焼く。
3. 指で押すとへこみ、白い液体がふつふつと出てくるようになったら焼き上がり。
4. 保存容器に入れて休ませる。 → 保存容器に出た肉汁も逃さず、肉の上にかける。
5. 2cm幅に切り、器に盛って、お好みの野菜を付け合わせる。 → 余熱でじんわりと火が通る（レアで美味しく焼くコツ）

• Point by TOSHI •

牛肉は焼く前に、塩をふらない。切らずに塊のまま焼く。肉汁を失わないため。

片面10分ずつ、岩塩を上にふりかけて、動かさずに、じっくりと焼いていく。

焼き加減は、指で押してへこむかどうかで判断（竹串で刺したりして確認するのは、肉汁が出てパサパサになるのでNG）。

Tasting — by ぼなぺTV

圧倒的ビジュアルと存在感のビステッカ！ 言葉はいらない。ただかぶりつく。そして赤ワインで流し込め!! フィレンツェの名物料理、最高!!

38 Secondo Piatto

主菜

Buonissimo! とってもおいしい

牛の煮込み
Peposo

フィレンツェの代表的料理「ペポーゾ」。
赤身肉をこしょうを効かせて柔らかく煮込んだもの。
昔、レンガを焼く工房で働く人々にパンを
たくさん食べさせることのできるソース主体の
料理として考案された。

Point by TOSHI

牛肉は4〜5cm程度に食べやすく切る。
皮ごと筋ごと切ることでだしがよく出る。

ペポーゾの語源のこしょうはたっぷりと。
材料を入れ、手で混ぜたら、煮込むだけ。

徐々に水分が減って、表面にオイルの膜
が張ってきたら、できあがりのサイン。

材料 （4人分）

〈牛の煮込み〉

Ⓐ
- 牛肉（ふくらはぎ）……………… 500g
- にんにく（ホール）……………… 2.5片
- 塩 ………………………………… 8g
- こしょう ………………………… 5g
- トマトペースト（2倍濃縮）…… 50g

赤ワイン …………………………… 300㎖
ブロード（P105）………………… 大さじ2

〈ほうれん草のソテー〉

- オリーブオイル ………………… 大さじ1
- ほうれん草（ボイルして水気を絞り刻んだもの）……… 100g
- にんにく（スライス）…………… 少々
- 鷹の爪（こなごなにする）……… 少々
- 塩 ………………………………… 少々

作り方

1. Ⓐの牛肉を食べやすい大きさに切る。
2. 鍋にⒶを入れたら、赤ワインを加えて、手で揉み込む。…… 手で揉み込むと、肉に調味料が浸み込みやすい。
3. 強火で熱し、沸騰する直前に弱火にして、フタをしてことこと煮込む。
4. ブロードを加えて、2時間半から3時間煮込む。
5. ほうれん草のソテーを作る。フライパンに材料を入れて、軽く炒める。
6. 器に④を盛り、⑤を添える。

Tasting by ぼなぺTV

牛の旨味が溶け込んだ濃厚ソースに、こしょうがピリッと効いて旨い。感じろトスカーナ！ 流し込めキャンティ！

39 Secondo Piatto

主菜

鶏肉の狩人風煮込み
Pollo alla Cacciatora

アッカディのランチの人気メニュー。
鶏肉を香ばしく焼いて、柔らかく煮込み、絶妙な香辛料で味付けする。
このレシピ通りに作ればそのバランスがまねできる！

材料 （2人分）

オリーブオイル	大さじ2
にんにく（みじん切り）	1片分
Ⓐ イタリアンパセリ（みじん切り）	2g
ローズマリー（みじん切り）	少々
アンチョビ（みじん切り）	5g
ケッパー（塩漬け／塩気を抜いて刻む）	6g
白ワイン	200ml＋100ml
鶏もも肉	400g
塩	少々
黒オリーブ	20g
ワインビネガー（赤または白）	大さじ2
トマト（さいの目に切る）	適量
イタリアンパセリ（みじん切り）	適量

作り方

❶ フライパンにオリーブオイル、にんにくを入れて熱し、Ⓐを加えて、こんがりと焼き付ける。
❷ 白ワインを加えて、弱火でことこと煮る。
❸ 別のフライパンを熱し、油は引かずに、鶏肉を皮面から入れ、塩を片面だけふって焼く。焼き色がついたら裏返す。両面が焼けたら、❷に加える。
❹ フライパンに残った油は捨てて、白ワインを加え、底に残った鶏肉のだしを溶かして❷に加える。
❺ 黒オリーブを加え、フタをして弱火でことこと35分煮込む。
❻ ワインビネガーを加えてさらに5分煮込む。ソースが白くとろみがついたら完成。
❼ 器に盛り、トマトとイタリアンパセリを添える。

• Point by TOSHI •

鶏肉は皮面から入れて焼きつける。皮に含まれる脂の旨味をしっかりと出すため。

鶏皮面がパリパリに焼け、両面焼き色がついたら❷に移す。

> 香草の香りを引き出す。

> フライパンについた旨味も100％ソースに生かす。

> 肉を柔らかくし、酢の酸味が食欲をそそる。

Tasting by ぼなぺTV

しっかり焼き付けられた鶏の旨味がたっぷり。濃い味のソースが胃袋をつかんで離さない。パンのスカルペッタでソースも残さずいただきます！

40 Secondo Piatto

主菜

肉団子
Polpettine di carne con melanzane

常連客のおばあさんからリクエストされて作ったところ絶賛され、アッカディの看板メニューになった。外は香ばしく中はふっくらとした肉団子の焼き加減と野菜の甘味がポイント。

• Point by TOSHI •

焼き色がつくようすぐには裏返さず、ゆすって動いたら裏返す。

フライパンに残った肉の旨味も赤ワインで溶かして、ソースに加える。

材料 （4人分）

〈肉だね〉
- Ⓐ 合いびき肉（牛肉・豚肉）……500g
- 卵……1個
- 塩……4g
- 黒こしょう（ホールを包丁の腹で砕く）……少々
- アンチョビ（刻む）……13g
- ケッパー（塩漬け／塩気を抜いて刻む）……18g
- パン（内側の生地のみを牛乳に浸しておく）……100g
- イタリアンパセリ（みじん切り）……少々
- パルミジャーノ（すりおろす）……10g
- オリーブオイル……大さじ1
- 小麦粉（強力粉）……適量

〈ソース〉
- オリーブオイル……大さじ3
- Ⓑ 玉ねぎ（みじん切り）……120g
- にんにく（つぶす）……1片分
- セロリ（みじん切り）……120g
- にんじん（みじん切り）……120g
- 塩……小さじ1
- 白ワイン……50ml
- トマト缶（ホール）……600g
- 岩塩……8g
- ブーケガルニ（ローズマリー、セージ、ローリエ、各1枚を束ねる）……1本
- なす（5cm角に切る）……200g
- オリーブオイル……適量
- 赤ワイン……100ml
- イタリアンパセリ（みじん切り）……適量

作り方

> 香味野菜をよく炒めて甘味を出す。

1. ボウルに、Ⓐを入れて混ぜ、均一になるよう手でよくこねる。
2. 鍋にオリーブオイル大さじ3を入れて熱し、Ⓑを入れて強火で炒める。しんなりしたら弱火にしてじっくり煮込む。
3. ①を直径4cmに丸めて小麦粉をまぶし、熱したフライパンにオリーブオイル大さじ1を引いて、強火で全体に焼き色がつくまで焼く。
4. ②に白ワインを加え、トマト缶を手でつぶしながら加え、岩塩を加える。沸騰直前に弱火にしたら、ことこと煮込む。
5. 焼き上がった③の肉団子を④に加える。ブーケガルニを加えて煮込む。
6. フライパンに、オリーブオイル適量を加えて熱し、なすを揚げる。
7. 肉団子を取り出したフライパンから、余分な油を捨てて、赤ワインを加えて沸騰させ、アルコールを飛ばす。底に残った旨味を溶かし込んで⑤の鍋に加える。
8. 鍋に⑥のなすを加えてフタをし、弱火でさらに40分ことこと煮込む。表面に油が浮いてきたらできあがり。器に盛り、香り付けに、イタリアンパセリをふりかける。

> 一度冷ますと味がなじんでさらにおいしい。

> 焼き色をきれいに付けることができる。

by ぼなぺTV

Tasting しっとり肉のかみ応え。トロトロになったなすが、アクセントになって最高！ アンチョビ、ケッパーの下味もばっちり。イタリアのマンマの味。

主菜

ソースのいらない
ハンバーグ

Hamburger

ランチメニューでたまに出しているオリジナルメニュー。
肉だねの方に味をつけて、ソースなしでもおいしい。
レシピの通りに作れば簡単にふっくらジューシーなハンバーグに。

材料 （直径11×8.5cm／4個分）

- Ⓐ 合いびき肉（牛肉・豚肉）……………………… 500g
  - 卵 ………………………………………………… 1個
  - 塩 ………………………………………………… 4g
  - こしょう ………………………………………… 少々
  - アンチョビ（刻む）……………………………… 13g
  - ケッパー（塩漬け／塩気を抜いて刻む）……… 18g
  - パン（内側の生地のみを牛乳に浸しておく）… 100g
  - イタリアンパセリ（みじん切り）……………… 少々
  - パルミジャーノ（すりおろす）………………… 10g
- オリーブオイル …………… 大さじ１＋トッピング適量
- 小麦粉（強力粉）……………………………………… 適量
- お好みの野菜 ………………………………………… 適量

作り方

1. ボウルに、Ⓐを入れて混ぜ、手でよくこねる。４等分して小判形に丸める。
2. フライパンにオリーブオイルを入れて熱し、❶の表面に小麦粉をつけて加え、強火で焼く。片面に焼き色がついたら裏返し、弱火でフタをして蒸し焼きにする。
3. 両面で10分焼いたら、お好みの野菜とともに器に盛り、オリーブオイルをかける。

> 焼き色がつきやすい。肉の旨味を閉じ込めてくれる。

• Point by TOSHI •

丸める時には真ん中をへこませる。焼くと真ん中がふくらむため、ちょうどよくなる。

裏返した後はフタをして弱火で蒸し焼きにすると、ふっくらジューシーに焼ける。

Tasting — by ぼなぺTV

みっちりと詰まった肉が旨い。肉にしっかりとした下味がついているので、その名の通りソースはいらない。赤ワインをぐびっといきたくなる味。

素材として欠かせない　基本のレシピ

トマトソース
Passata di pomodoro

イタリア料理に欠かせない素材のひとつ。強めに塩をし、加熱温度に気をつけると、甘さと酸味のバランスのよいフレッシュなソースができる。これを使うとおいしさが格段に違う！

材料 （作りやすい分量）

オリーブオイル	大さじ6
にんにく（つぶす）	1片分
トマト缶（ホール）	2.5kg
岩塩	25g
生バジル（手でちぎる）	10g

作り方

1. 鍋に、オリーブオイルを入れて熱し、にんにくを加えてオイルに香りを移す。
2. トマト缶、岩塩、生バジルを加え、木ベラで混ぜながら、沸騰する前に弱火にして、20分ほどことこと煮込む。
3. 火を消し、こし器を使ってこす。
4. 容器に入れて冷蔵庫で保存する。

トマトを加えたら加熱しすぎず、瑞々しさを保つ。

▶ トマトソースの保存期間：冷蔵で3日間

• Point by TOSHI •

トマトソースの甘味・旨味を引き出すためには適量の塩分が必要。岩塩を使用。

金物を使用すると、化学変化で味が変わるので、必ず木ベラを使って混ぜる。

煮込み終わったら、こし器でこして、口当たりなめらかなソースに仕上げる。

ブロード
Brodo

ブロードとは「だし」のこと。アッカディでは、野菜と鶏の皮と骨を使ったブイヨンを手作りしている。澄み切ったコクのあるブイヨンができあがる。料理が格上げされること間違いなし！

材料 （作りやすい分量）

水		3ℓ
Ⓐ	岩塩	10g
	玉ねぎ（輪切り）	300g
	セロリ（ざく切り）	50g
	にんじん（ざく切り）	155g
	トマト（半分に切る）	80g
Ⓑ	鶏の骨	100g
	鶏の皮	50g

作り方

1. 鍋に水を入れてⒶを入れ、Ⓑを加えて強火で熱する。
2. 沸騰寸前になったら弱火にし、最初に出てきたアクは丁寧に取り除く。
3. 1時間ことこと煮込む。

▶ ブロードの保存期間：冷蔵で3日間

• *Point by* TOSHI •

煮込み始める時は、必ず水の状態から野菜を加える。野菜のだしが浸出しやすい。

鶏肉は、骨からだしが出て、皮から脂の旨味が出るので、骨と皮を両方入れる。

最初に出てきたアクを取り除くことで、雑味のない澄んだブロードができあがる。

素材として欠かせない 基本のレシピ

パンチェッタ
Pancetta

豚バラ肉で作る生ベーコン。熟成された香りと、
脂の風味を持ち、カルボナーラや
アマトリチャーナなどのパスタや、スープなど
さまざまな料理に活用できる。

材料（作りやすい分量）

豚バラ肉	700g
岩塩	100g
こしょう	70g

作り方

1. 豚バラ肉に、岩塩を全体によくまぶす。
2. 容器に入れてラップをし、1週間冷蔵庫に入れておく。
3. 水分が出るのでよく拭き、こしょうを全体にまぶす。
4. ラップをせずに冷蔵庫に1週間入れておく。

　　　乾燥・熟成させる。

▶ パンチェッタの保存期間：冷蔵で2か月間

• *Point by* TOSHI •

豚バラ肉は、岩塩をまんべんなくまぶして、塩漬けにし、冷蔵庫で1週間置く。

豚バラ肉から出てきた水気はよく拭く。そのままにすると腐りやすいので注意。

こしょうをまんべんなくまぶしてさらに冷蔵庫で1週間。香り高く仕上がる。

編集部注：自家製の場合は、生食は行わず、必ず加熱して召し上がってください。

Dolce デザート

イタリア人は、食事の最後に甘いもので締める習慣があります。ここではイタリアで定番、かつアッカディこだわりのデザートを紹介します。簡単にできるものばかりなので、ぜひご家庭のレパートリーに加えてみてください。

カントゥッチーニ
Cantuccini

フィレンツェの代表的なお菓子。アーモンドで作るビスコッティ。
イタリア人はカリカリした食感が大好き。
甘口ワインに浸しながら柔らかくして食べる。

• Point by TOSHI •

焼く際には、天板の上に、間隔を空けて生地を置く。焼くと生地が広がるため。

材料 （幅4×1.5cm／78個分）

A
- 小麦粉（強力粉）……………………… 600g
- グラニュー糖 ……………………………… 400g
- ベーキングパウダー ……………………… 8g
- アーモンド（薄皮付き）………………… 250g
- 塩 ……………………………………… 小さじ1
- バター（無塩／ゆせんで溶かす）……… 125g
- 卵 ………………………………………… 4個

溶き卵 …………………………………… 1個分
甘口ワイン（ヴィンサント）……………… 適量

作り方

1. オーブンを175度に予熱しておく。
2. ボウルに **A** を入れて、手でよく混ぜ、台に取り出して、打ち粉（分量外）をしながら丸くこねる。
3. 6等分し棒状にのばして、オーブンシートを敷いた天板に並べ、刷毛で溶き卵を塗る。
4. オーブンで30分焼く。
5. 焼き上がったら取り出して、1.5cm幅にカットする。
6. 再び天板にのせ、175度のオーブンで、20分カリカリになるまで焼く。
7. 器にのせ、甘口ワインを添える。

▶ 保存期間：密閉容器に入れ常温で30日間

焼き色がきれいにつく。

二度焼きするとカリッとした歯ごたえになる。

ティラミス
Tiramisù

イタリアの定番スイーツ。マスカルポーネに、卵の甘味とコーヒーの苦味がアクセント。アッカディでは、スタッフのカジンが毎日手作り。

ビスケット

• Point by TOSHI •

生地とビスケットを交互に重ねて冷やすと、ビスケットが柔らかく味が締まる。

材料 （21×29×4cmの角形容器1個分）

卵	4個
グラニュー糖	180g
マスカルポーネ	500g
イタリアンビスケット（パヴェジーニ）	52g
濃いめのエスプレッソコーヒー	2杯分（200㎖）
ココアパウダー	少々

作り方

1. 卵を割り、別々のボウルに卵黄と卵白を分ける。
2. グラニュー糖を卵黄に150gを、卵白に30gを入れて、泡だて器でよく混ぜる。
3. 卵黄にマスカルポーネを入れて、しっかり混ぜる。
4. ❸に❷の卵白を加えてさっくりと混ぜる。
5. 容器に生地を入れて表面を平らにしたら、ビスケットをエスプレッソコーヒーに浸して上にのせる。生地→ビスケットの順で交互に重ねる。
6. 冷蔵庫で2時間冷やして、器に盛る。ココアパウダーをふる。

> 卵白は硬めに泡だてる。

> 苦味を追加してくれる。

> 大きいスプーンで1回ですくうときれい。

▶ 保存期間：冷蔵で3日間

チーズケーキ
Cheese cake

フィリングには粉を使わないチーズケーキ。
クリームチーズのコクと卵の甘味、
ミックスベリーソースの酸味がマッチ。

材料

〈チーズケーキ〉（直径26cmの丸型1個分）
- クリームチーズ …………… 400g
- 卵 ………………………………… 5個
- グラニュー糖 ……………… 180g
- ビスケット（砕く）………… 125g
- バター（無塩／ゆせんで溶かす）……… 50g

〈ミックスベリーソース〉（作りやすい分量）
- ミックスベリー（冷凍）………… 500g
- グラニュー糖 ……………… 180g
- レモンの皮 ………………… 1個分
- 水 …………………………… 600ml

作り方

1. オーブンを175度で予熱しておく。型にバター（分量外）を塗り、溶かしバターを混ぜたビスケットを底に敷く。
2. 別々のボウルに卵黄と卵白を分け、グラニュー糖を卵黄に150gを加え、卵白に30gを加える。それぞれを10分ほど泡だて器で泡だてる。
3. クリームチーズを卵黄のボウルに加えて混ぜる。
4. ❷の卵白を❸の卵黄のボウルに加えてふっくら混ぜる。
5. ❶のビスケットの上に❹の生地をのせ、オーブンに入れて70分焼き上げる。
6. ミックスベリーソースを作る。鍋に材料を入れて加熱する。とろっとしてきたら火を止め、ハンドミキサーで攪拌する。裏ごしして冷蔵庫で冷やす。
7. ❺を冷ましたら型から出し、カットして器にのせ、ミックスベリーソースを適量かける。

▶ 保存期間：冷蔵で2日間

• Point by TOSHI •

生地は、卵黄と卵白を分けて泡だてて、気泡をつぶさないように、下から上にふっくら混ぜる。

きめ細かくなるまで。

チョコレートケーキ
Torta al cioccolato

誰もが大好きなスイーツの定番。小麦粉を使わないのでアレルギーの人でも食べられる。冷蔵庫で冷やすと生チョコレートケーキのような味わい。

・Point by TOSHI・

生地は、チーズケーキ同様、卵黄と卵白を分けて泡だて、混ぜる。

材料 （直径24cmの丸型1個分）

チョコレート（カカオ70％／ゆせんで溶かす）
　　　　　　　　　　　　　　　　　　250g
バター（無塩／ゆせんで溶かす）……… 125g
卵 ……………………………………… 5個
グラニュー糖 ………………………… 180g
生クリーム …………………………… 適量

作り方

1. オーブンを175度で予熱しておく。型に薄くバター（分量外）を塗っておく。
2. 別々のボウルに卵黄と卵白を分け、グラニュー糖を卵黄に150gを加え、卵白に30gを加える。それぞれを10分ほど泡だて器で泡だてる。
3. チョコレートを卵黄のボウルに加え、泡だて器でよく混ぜる。
4. ❸に❷の卵白を加えて混ぜる。
5. ❹を型に入れる。少し叩いて空気を抜き、オーブンに入れて30分焼く。
6. 完全に冷ましてから型から外し、切って器にのせ、ホイップした生クリームを添える。

> 気泡をつぶさないように混ぜる。下から上に。

▶ 保存期間：冷蔵で1週間

めちゃ旨ボンジョルノ！
イタリアの人気食堂レシピ

2025年2月4日　初版発行
2025年3月10日　再版発行

著　者	ぼなぺTV、TOSHI
発行者	山下 直久
発　行	株式会社KADOKAWA
	〒102-8177　東京都千代田区富士見2-13-3
	電話 0570-002-301（ナビダイヤル）
印刷所	大日本印刷株式会社
製本所	大日本印刷株式会社

本書の無断複製（コピー、スキャン、デジタル化等）並びに
無断複製物の譲渡および配信は、著作権法上での例外を除き禁じられています。
また、本書を代行業者等の第三者に依頼して複製する行為は、
たとえ個人や家庭内での利用であっても一切認められておりません。

●お問い合わせ
https://www.kadokawa.co.jp/（「お問い合わせ」へお進みください）
※内容によっては、お答えできない場合があります。
※サポートは日本国内のみとさせていただきます。
※Japanese text only

定価はカバーに表示してあります。

©BonapeTV, TOSHI 2025 Printed in Japan
ISBN 978-4-04-607083-8 C0077